자연스러운 프렌치 스타일 꽃다발
Bouquets champêtres à la maison
부케 샹페트르 아 라 메종

사이토 유미 지음 | 방현희 옮김

한스미디어

Yumi는 15년 전부터 알고 지낸 지인이다.
그녀가 파리에 온 지 얼마 되지 않았을 무렵 우리는 크리스티앙 토르튀 Christian Tortu에서 처음 만났다.
이후 계속 함께 일하며 최고의 시간을 공유하고 있다.
그녀는 재능을 타고났으며, 아낌없이 주는 사람이다.
나의 평생 비즈니스 파트너이다.

빈센트 라사르 Vincent LAISSARD
'로즈버드 플로리스트' 대표

최근에는 꽃 업계뿐 아니라 인테리어 업계에서도 '샹페트르'라는 말을 많이 쓴다. '샹champ'은 프랑스어로 들판이나 밭을 의미하며, '샹페트르 Champêtre'는 전원풍으로 번역된다.

이전에 집필한 《샹페트르의 모든 것, 파리 유명 플로리스트의 꽃-빈센트 라사르 작품집》에서는 샹페트르 부케를 '마치 들판에서 풀꽃을 꺾어 묶은 듯 자연스러운 부케'라고 정의했다. 사실, 한마디로 '파리 스타일', '프렌치 부케'라고 해도, 개인주의적인 분위기의 프랑스에서는 누구나 각자의 스타일대로 표현하고 해석 또한 다양하다.

파리의 꽃 업계를 15년 전부터 되짚어 보면, 전통적인 프렌치 부케는 중후한 색상과 문양의 인테리어에 묻히지 않기 위해서인지 같은 꽃들을 한데 모아(그루핑) 묶거나, 꽃을 규칙적으로 배치한 가지런한 반구 형태의 꽃다발이 주류였던 것 같다.

거기에 '파리의 꽃 업계에 혁명을 일으켰다'고 하는 플라워 아티스트가 나타나 지금까지 식물 소재로 사용하지 않던 가지와 잡초가 혼합된 독자적인 스타일을 발표했다. 지금은 많은 플로리스트들이 부케 안으로 바람이 스쳐 지나갈 것만 같은, 길게 뻗은 형태의 꽃다발을 만들기에 이르렀다.

이 스타일을 '샹페트르'라고 부르며 파리의 트렌드라고 말하기도 한다. 이 책에서는 풀꽃 하나하나가 지니고 있는 곡선을 살린 '입체감 있는 부케'와 '정원의 일부를 그대로 옮겨놓은 듯한 자연스러운 모양의 콩포지시옹(어레인지먼트)'을 샹페트르라 하고, 각각의 제작 기법을 자세히 소개한다. 누구나 즐겁게 만들 수 있도록 부케를 완성하기까지의 제작 과정 사진도 상세히 실었다. 여러분의 일상생활이 조금이라도 풍요로워지는 데에 도움이 된다면 더없이 기쁠 것이다.

사이토 유미

Bouquets champêtres à la maison

chapitre 1
꽃이 있는 생활

1. 꽃이 있는 생활이 선사하는 것 — 009
2. 거리 곳곳에 넘쳐흐르는 꽃 풍경 — 016
3. 샹페트르 부케로 멋진 생활을 — 022
4. 숲에서 '진정한' 샹페트르 부케를 만들자 — 030

chapitre 2
샹페트르 부케 만들기

1. 우선 부케의 정의와 스타일별 차이점에 대해서
   - 부케의 다양한 스타일 — 036
   - 샹페트르 부케 만들기에 필요한 도구와 재료 — 042
   - 부케에 사용할 좋은 꽃 고르는 법 익히기 — 045
   - 가장 중요한 '재료 손질 방법' 익히기 — 047

2. 처음 만드는 샹페트르 부케
   - 부케 론의 기본 스타일 3가지
   - modele1. 스탠더드 스타일 — 054
   - modele2. 테트 어 테트 — 062
   - modele3. 불 — 069
   - 특별편: 눕혀놓고 만드는 부케 — 076

chapitre 3
본격적인 샹페트르 부케 만들기

1. 본격적인 샹페트르 부케에 도전해보자
   - modele1. 부케 샹페트르 — 082
   - modele2. 부케 드 마리에 — 089
   - modele3. 콩포지시옹 — 096
   - modele4. 콩포지시옹 스페셜 — 103

chapitre 4
'꽃 조합'과 '색채 조합' 알아두기

1. 가장 중요한 '꽃 조합'과 '색채 조합'에 대해 배워보자   112

2. 부케의 스타일별 배색 방법을 배워보자
   - a. 부케 론의 배색 유형   122
   - b. 부케 샹페트르의 배색 유형   130
   - c. 부케 드 마리에의 배색 유형   138
   - d. 콩포지시옹의 배색 유형   146
   - e. 콩포지시옹 스페셜의 배색 유형   154

3. 다양한 색상의 부케를 만들어보자
   - 부케 론 '흰색×녹색' 만드는 법   162
   - 부케 론 '자홍색×암적색' 만드는 법   166
   - 부케 샹페트르 '파란색×흰색' 만드는 법   170
   - 부케 샹페트르 '주황색×암적색' 만드는 법   174
   - 부케 드 마리에 '흰색×암적색' 만드는 법   177
   - 부케 드 마리에 '자홍색×주황색' 만드는 법   180

chapitre 5
멋진 부케가 있는 생활

1. 부케를 즐기기 위해 알아두어야 할 것
   - 각종 부케에 어울리는 화기 고르는 법   186
   - 공간별, 상황별로 장식하는 부케   198
   - 파리 스타일의 포장법을 배워보자   200
   - 인테리어와 생활 소품과 매치하는 즐거움   203

2. 부케 만들기를 더 즐기고 싶다면 레슨에 참가하는 것도 실력 향상의 지름길이다   206

Présentation de ma nouvelle vie à Paris
끝없는 부케의 세계로   212

Bon chic bon genre
일류의 분위기를 느껴본다

'팔라스palace'라는 칭호를 받은 최고급 호텔의 중정. 녹음으로 둘러싸인 공간에 여유롭게 앉아 은제 식기에 담아 내온 홍차를 음미한다. 파리에 가면 한번쯤 누리고 싶은 호화롭고 사치스러운 시간이다.

chapitre 1

꽃이 있는 생활
La vie en Fleur

기나긴 겨울이 끝나고 라일락꽃이 피면 봄이 성큼 다가온다. 정원에서 잘라 온 라일락을 집안 가득 장식해 놓는다.

1.

꽃이 있는 생활이
선사하는 것

Un des plaisir de la vie

'생활'은 프랑스어로 'La vie'.
'생활'이란 '인생'을 의미한다.
꽃이 있는 생활은 마음이 풍요로운 인생을 선사한다.

꽃의 생명력과 빛깔, 향기에 마음이 치유되어
삶의 질이 향상된다

분주한 나날. 시간에 쫓겨 마음의 여유가 없는 생활이 지속되고 있다면 꽃을 장식해보자. 근사한 부케가 아니라 정원이나 베란다에서 꺾어온 꽃 한 송이라도 좋다. 정원이 없다면 꽃집에 가서 마음에 드는 꽃을 골라보자. 단골 카페가 있듯이 좋아하는 꽃집이 있다는 것은 무척이나 즐겁고 기분 좋은 일이다. 수명이 긴 가지나 그린 소재도 좋다. 화병이 없어도 물병이나 유리컵, 좋아하는 라벨이 붙은 병, 커다란 카페오레 볼에도 꽃을 꽂아 장식할 수 있다. 아침에 일어났을 때, 식사할 때, 자기 전에…… 꽃이나 초록빛 식물이 눈에 들어올 때마다 마음이 평온해짐을 느끼게 될 것이다. 어렵게 생각하지 말고 조금 더 꽃을 가까이에서 즐겨보면 어떨까.

퐁텐블로Fontainebleau에 있는 친구의 집.
화창한 오후에는 강가에서 낮잠을 청한다.
정원에서 꺾어온 꽃을 묶어 식탁을 장식
한다.

사과 꽃이 필 무렵, 새소리와 함께 상큼한 바람을 느끼며 정원에서 브런치를 즐긴다. 이 감미로운 시간을 위해서라면 음식을 나르는 수고도 아깝지 않다.

파리지앵이 동경하는 전원생활
샹페트르 부케가 탄생하는 곳

'평일은 파리에서 일하고, 주말은 시골에서 느긋하게 지내는 것'이 파리에 사는 사람들의 꿈이라고 한다. 별장을 소유하는 꿈은 이루지 못하더라도, 자연의 숨결을 느끼기 위해 아파트에 꽃을 장식해 놓고 휴식을 취한다. '꽃을 장식한다'고 하면 특별한 일처럼 여기는 경향이 있는데, 프랑스에서는 지극히 평범한 일상생활 속에서 꽃을 이용한다. 축하 선물로는 물론이고 식사 초대를 받았을 때, 감사의 마음을 전하고 싶을 때, 아내와 다투어 사과하고 싶을 때, 좋은 일이 있을 때, 또는 그 반대의 경우에도 꽃이 큰 역할을 한다는 것을 알고 있기 때문이다.

아침에 장에서 사 온 생선을 굽는다. 밭에서 수확한 채소를 곁들여 가족이나 친구들과 함께 나무 그늘이 드리워진 테이블에 둘러앉아 먹는다. 값비싼 것은 없어도 호사스러운 시간이다.

신선한 과일과 채소를 판매하는 직판 코너. 이곳에서는 정원이나 밭에서 재배한 꽃을 사용해 플라워 레슨도 한다.

'푀야지스트Feuillagiste'라고 불리는 잎과 가지 소재의 전문 업자 크리스토프의 집. 파리에서 한 시간 정도 소요되는 교외에서 나무딸기와 그라미네Graminee(그래스 종류) 등 샹페트르 부케에 없어서는 안 되는 소재들을 재배해 일주일에 두 번 파리에 있는 꽃집에 배달해준다.

2.

거리 곳곳에 넘쳐흐르는
꽃 풍경

La Ville fleurie

아름다운 것에 둘러싸여 있으면
아름다운 생활, 아름다운 인생과 가까워질 수 있다.
꽃은 없어서는 안 되는 존재이다.

멋스러운 파리지앵의 미의식은
거리의 꽃에서도 나타난다

파리는 종종 불편하거나 위험한 일이 생기는 도시이긴 해도, 그런 것들을 뛰어넘는 매력이 있기에 이렇게까지 전 세계 사람들의 마음을 사로잡고 있는 게 아닐까. 그 매력이란, 우선 건축물이 아름답다는 점이다. 거기에 더해 꽃이 있는 풍경을 곳곳에서 볼 수 있다. 세계 제일의 화훼 생산국인 네덜란드와 가깝기도 해서 생화 가격이 저렴한 편이다. 그리고 편리함이나 생산성보다 아름다움을 우선시하는 듯한 파리에서는 예쁜 것을 가까이에 두거나 아름다운 것에 둘러싸여 있는 것을 중요하게 생각한다. 그런 환경에서 자라면 미의식이 높아지는 것은 당연지사다. 파리의 거리를 아름답게 물들이는 꽃 풍경을 소개해보려 한다.

명품 거리로도 유명한 파리 1구에 위치한 생토노레Saint-Honore 거리. '코스테 호텔Hotel Costes'의 장미 전문점.

마치 거리 곳곳에 들어서 있는 편의점처럼 플라워 숍이 즐비한 파리. 각 상점들은 윈도 디스플레이에 가장 심혈을 기울인다.

마레Marais 지구에 있는 꽃집. 파리의 꽃 가게들은 저마다의 개성을 강조해 차별화된 멋을 선보이며 고객을 유치한다.

호텔이나 인테리어 숍, 미용실 등 늘 생화를 장식해 놓는 곳이 많아 높은 미의식을 엿볼 수 있다. 미술관이나 백화점, 호텔 라운지의 벽면 녹화도 주목을 받고 있다.

파리의 디스플레이가
멋있어 보이는 이유는 무엇일까

파리의 상점에는 의류나 잡화, 꽃도 종류별이 아닌 색상별로 디스플레이 되어 있는 것에 주목해보자. 색을 통일함으로써 깔끔하고 세련된 공간을 연출할 수 있는 것이다.
호화로운 꽃장식으로 유명한 최고급 호텔에서는 보통 메인 컬러를 한 가지 색으로 한정해 플라워 디스플레이를 한다. 한 가지 색, 한 종류의 꽃이라도 이루 말할 수 없이 화려한 세계가 펼쳐진다. 꼭 한번 티타임을 즐기며 만끽해보자.

'포 시즌 호텔 조르주 생크 Four Seasons Hotel George V'의 꽃장식은 압권이다. 여름에는 중정에서 티타임을 즐길 수 있다.

3.

샹페트르 부케로
멋진 생활을

La vie avec des fleurs

나는 정말 좋아하는 것들이
아주 조금만 있어도 좋으니,
마음에 드는 것들로 채워진 공간에서 생활하는 삶을 동경한다.

섀비 시크® 스타일의 인테리어에는
샹페트르 부케가 잘 어울린다

파리에서의 생활도 15년째가 되고 나이가 들면서 이제는 구두나 가방의 숫자, 브랜드를 자랑하는 것이 아니라, 나에게 어울리면서도 질이 좋은 물건을 엄선하여 소중히 사용해야겠다는 생각이 든다. 그리고 풍요로운 생활에 필수 요소는 '주거 공간'이 아닐까 하는 생각이 들면서 지금까지 외부로 편중되어 있던 의식이 내부로도 향하게 되었다. 좋아하는 것들을 엄선해 놓은 깔끔한 공간에 계절 꽃을 장식하고, 음악을 듣거나 책을 읽으면서 한가로이 차를 마신다. 정말 마음에 드는 것들만 있으면 설거지나 청소, 꽃 손질도 즐겁게 할 수 있다. 그런 여유로운 생활을 꿈꾼다.

● 섀비 시크Shabby chick: 낡고 오래된 가구나 소품들을 활용해 세련되고 로맨틱한 분위기를 연출하는 스타일. 주로 흰색 계열의 메인 컬러에 파스텔 톤이나 밝은 회색 등의 부드러운 색감이 더해진다.

파리에서 인기 있는 부케는
들판에 피어 있는 풀꽃을 꺾어
대충 묶어 놓은 듯한 느낌을 주는
샹페트르 스타일이다.

공조팝나무의 길게 뻗은 가지 모양을 살려,
청량감이 느껴지는 블루 델피니움과
완충 역할도 해주는 목수국을 함께 묶은 부케.
앤티크풍의 법랑 저그에 꽂아준다.

잎으로 장식한 화기에 부케를 넣었다.
그대로 장식해 놓을 수 있어 선물로도 제격이다.
"어떻게 만든 거야?"라며 이야기꽃을 피울 수도 있고,
파티 장식이나 전시회 축하 선물로도
환영받을 것이다.

꽃과 잎으로 부케의 스템(줄기) 부분을 장식한 독창적인 디자인.
유리화기에 넣어 물속에서 너울거리는 꽃의 자태를 즐겨보자.
내추럴 스타일의 신부 부케로도 인기가 있는 디자인으로
시크한 색조가 품격 있는 신부에게 잘 어울린다.

샹페트르 부케의
스타일별 특징
Définition de Bouquet Champêtre

a.

들판에 피어 있는 꽃들을
그대로 묶어 놓은 듯한 스타일
Bouquet avec des feuillages

**동양적인 분위기가 강한 코스모스를
나무딸기 잎과 매치해 파리 스타일의 꽃다발로**

파리 스타일의 부케는 그린 소재를 많이 사용하는 것이 하나의 특징이라고 할 수 있다. 직접 재료를 고르다 보면 꽃에만 눈이 가기 마련인데, 꽃을 돋보이게 하고 완충 역할도 해주는 잎 소재에도 관심을 가져보도록 하자. 부케 만들기가 한결 쉬워질 것이다.

b.

가지 소재의 존재가 중요한
유연하고 길게 뻗은 스타일
Bouquet avec des branchages

**흔하지 않은 잎 소재에 비해
가지 소재는 쉽게 구할 수 있는 유용한 재료**

미모사와 양귀비, 유칼립투스, 가지 소재로 만든 부케. 이른 봄의 샹페트르 부케에는 가지 소재의 존재를 빼놓을 수 없다. 가지는 곡선과 파릇파릇한 새싹이 아름다운 것이 매력인데, 초봄에 유통되는 줄기가 가늘고 유연한 꽃과 소재들을 지지해주는 효과도 크다.

c.
색상 수를 한정해
고상하게 구성하는 스타일
Bouquet pas trop de fleurs mélangées

꽃의 종류나 색을 많이 혼합하지 않는 것이
세련된 파리 스타일의 비밀

파리의 꽃집은 기본적으로 열 대 묶음 한 단 단위로 꽃을 판다. 따라서 부케를 만들 때는 장미, 형태가 다른 꽃, 잎 소재를 각각 열 대씩 구입하게 되므로 다양한 종류를 조금씩 섞지 않고 심플하게 조합하는 것이 파리 스타일이다.

d.
그라미네를 사용해
자연의 정취가 물씬 풍기는 분위기
Bouquet avec des graminées

파리의 꽃 업계에서는 잡초 계열의 소재를
더해주는 내추럴한 스타일이 유행

예전에는 부케 소재로 인정하지 않던 그라미네Graminee(벼 이삭 모양 초화류의 총칭)를 메인 꽃과 매치하는 전원풍의 부케가 유행이다. 프랑스 사람들이 좋아하는 바캉스나 어린 시절의 추억을 떠오르게 하는 자연스러운 분위기가 인기를 끌고 있다.

4.

숲에서 '진정한' 샹페트르 부케를 만들자

Faire un bouquet avec des fleurs de la nature

이것이 바로 '부케 샹페트르'.
직접 들꽃을 꺾어 꽃다발을 만드는
즐거운 부케 레슨!

포인트는 꽃의 종류를 한정하는 것과 철저한 가지 손질&밑줄기의 잎 제거

파리에는 7월 하순부터 약 한 달 동안 하기휴업에 들어가는 플라워숍이 많다. 내가 레슨을 하는 '로즈버드'도 문을 닫는데, 여름휴가 때밖에 파리에 올 수 없는 사람들도 꽤 많아서, 그런 사람들을 위해 부케 레슨을 할 수 있는 방법을 찾다가 생각해낸 것이 '숲에서 하는 샹페트르 부케 레슨'이다. 수강생들은 각자 좋아하는 꽃이나 덩굴, 가지를 잘라 단 하나밖에 없는 부케를 만든다.

이때 중요한 것은 어느 정도 식물의 종류를 한정하여 종류별로 열 대 이상 준비하는 것과 꼼꼼한 재료 손질이다. 밑줄기의 잎은 과감하게 제거하고 줄기 끝의 예쁜 부분만 사용하면 내추럴하고 세련된 부케를 만들 수 있다.

꽃가위로 하나하나 정성껏 잘라온 아미초와 숙근스위트피, 그라미네, 개암나무의 가지. 재료들을 잠시 물에 담가둔다. 30분 정도 지나면 전체 길이의 중간 지점보다 아랫부분에 있는 잎을 모두 제거하고, 종류별로 나란히 놓아 준비한다. 이 작업이 중요하다.

왼쪽 위·오른쪽 가운데: 파리 남부 교외에 있는 지인들과 함께 사용하는 숲. 지인이 관리하고 있으며 허가를 받아 식물을 채취한다. 무단으로 대지 안에 들어가거나 자생 식물이라도 함부로 채취하지 않도록 주의해야 한다.
왼쪽 아래·오른쪽 위아래: 화려한 꽃이 없어도 예쁜 부케를 만들 수 있다. 직접 채취해온 소재로 만들면 감동도 배가된다.

들에서 잘라온 풀꽃으로 만든 부케. 상페트르 코연의 분위기.

Une scene de Paris

파리 11구, 꽃이 돋보이는 쇼윈도

'파리 리츠 호텔Hotel Ritz Paris'을 퇴직한 후 부케 레슨을 하던 작업실의 쇼윈도. 레슨을 하기 전 꽃을 진열할 때부터 기분이 한껏 들뜨는 아름다운 공간.

chapitre 2

샹페트르 부케 만들기

La vie en Fleur

1.

우선 부케의 정의와
스타일별 차이점에 대해서

―――――

"파리 스타일이란 어떤 거예요?"라는 질문을 받으면 '꽃은 열 대 단위로 사용하고, 그것을 돋보이게 해주는 잎 소재나 열매 소재를 사용하는 것'이라고 설명한다. 일반적인 라운드 부케라 해도 만드는 사람에 따라 모양이 다르므로 어느 것이 올바르다고 할 수 없다. 다양한 스타일을 보면서 자세히 알아보도록 하자.

a.basic
원래 부케란
무엇일까

―――――

**파리의 꽃집 주요 상품은
역시 '꽃다발'이다**

'부케'라고 하면 신부가 드는 신부 부케를 생각하는 사람들이 많은데, 프랑스에서는 꽃을 다발로 만든 것, 화병꽃이 한 것, 플로럴폼에 꽂은 어레인지먼트도 넓은 의미에서 부케라고 부른다. 하지만 파리의 꽃집에서 매일같이 만드는 것은 꽃을 손에 쥐고 다발을 만든 형태가 가장 많기 때문에 부케라고 하면 '둥근 형태의 꽃다발'을 가리키는 것이 일반적이다.

b.basic
부케에는
다양한 스타일이 있다

―――――

**개성이 넘치는 프랑스의 플로리스트들
부케의 형태나 꽃 사용법은 사람마다 다르다**

한마디로 표현해 '둥근 형태의 부케'라고 해도 플로리스트에 따라 꽃의 높이를 가지런히 맞추는 사람, 높낮이에 변화를 주는 사람 등 각자의 개성이 있으므로 모양이 다르다. 또한, 같은 플로리스트라도 꽃 모양에 따라 빽빽한 형태, 넓게 뻗은 형태로 부케를 만들 때가 있다.

기본적인 둥근 부케에서 발전된 디자인성이 높은 부케도 포함한 다양한 유형을 레슨 참가자들이 만든 부케 작품을 예로 들어 소개한다.

modele ①

부케 론
Bouquet Rond

부케 론이란 둥근 부케라는 의미
파리 부케의 대표적인 스타일이다

부케의 형태에는 '둥근 것(부케 론)' 외에 '수직으로 긴 것(부케 그래픽)'도 있으며, 어떤 플로리스트는 '사각형(부케 카레)'으로 부케를 디자인하기도 한다.
여기에서는 기본이 되는 둥근 형태의 부케 종류(스탠더드, 테트 어 테트, 불)를 살펴보고, 거기에서 발전된 형태(샹페트르, 부케 드 마리에, 콩포지시옹 스페셜)와 손에 쥐고 다발을 만드는 것은 아니지만 수요가 많아 레슨에 포함한 '플로럴폼에 꽂는 어레인지먼트(콩포지시옹)'를 소개하고, 각각의 특징을 설명한다.

부케 론의 다양한 스타일

재료:
다알리아 2종류
나무딸기
그라미네

style a.
스탠더드 스타일
Standard

꽃을 규칙적으로 배치
옆에서 보면 반구 형태의 부케

'프렌치 쿠케'의 전통적인 스타일. 고전적인 부케는 중심에 메인(예: 장미) 꽃을 3송이, 그 사이에 작은 꽃, 그 바깥쪽에 메인 꽃을 넣는 방식으로 규칙적이게 배치하여 다발을 잡아 마치 주발을 엎어 놓은 것처럼 높낮이 차이가 없는 반구 형태로 부케를 만든다.
내가 진행하는 레슨에서는 그라미네(벼 이삭 도양 초화류의 총칭)를 더해서 높낮이에 변화를 주어 한층 더 내추럴한 샹페트르 스타일로 만든다. 잎도 레몬잎이나 드라세나를 말아 스테이플러로 고정한 것이 아니라 줄기 끝의 모양과 색이 아름다운 나무딸기의 잎을 사용한다.

재료:
다알리아
모나르다
나무딸기

style b.

테트 어 테트 스타일
Tête a tête

꽃의 높이를 일정하게 맞춰서 만드는 고전적인 부케 론

꽃의 높이를 일정하게 맞추는 부케. 위에서 보면 원형, 옆에서 보면 역삼각형이 된다. 포장했을 때 부케가 커 보이기 때문에 예전부터 선호도가 높은 스타일이다. 같은 꽃들을 한데 모아(그루핑) 배치하는 경우도 많다. 이 스타일은 위에서 봤을 때는 돋보이지만, 화병에 넣어 테이블이나 높은 선반에 놓았을 때 꽃은 보이지 않고 줄기만 보이므로 레슨을 할 때는 화기의 가장자리까지 아름답게 보이도록 꽃의 위치를 점차 내려 잡는 방식으로 만든다.

style c.

불 스타일
Boule

부케 론에서 진화된 둥근 볼 형태의 부케 꽃의 높낮이 차이를 과감하게 둔다

예전에 리츠 호텔에서 꽃장식을 담당할 때 커다란 부케를 키가 높은 화기에 넣어 스위트룸을 장식했다. 크기가 커서 테이블에는 놓을 수 없기 때문에 난로나 서랍장 위에 놓았는데, 꽃의 얼굴이 보이지 않아 무척 아쉬웠다. 그래서 아주 낮은 위치까지 꽃을 넣어 위, 옆, 아래쪽에서도 아름답게 보이는 부케를 만들었다. 그렇게 하면 식탁에 장식해 놓은 꽃도 앉은 시선에서 예쁘게 보인다. 독창적인 스타일이므로 레슨을 할 때 특히 추천하는 스타일이다. 부케의 크기로 승부를 거는 것이 아닌 입체감과 음영이 있는 섬세한 디자인으로 전문가들에게도 호평을 받고 있다.

재료:
라넌큘러스
라일락
칼라
유칼립투스

modele ②

부케 샹페트르
Bouquet Champêtre

줄기가 유연하여 다루기 어려운 소재에 효과적인 기법

둥근 형태의 꽃이 아닌 '라인 플라워'라고 불리는 긴 선 형태의 꽃으로 다발을 만들 때 적합한 것이 이 스타일이다. 꽃의 모양을 살려 넓게 뻗은 형태의 부케를 만들도록 하자. 줄기가 유연한 소재는 바깥쪽으로 과도하게 퍼져 형태가 잘 잡히지 않거나 축 늘어져 시든 것처럼 보여서 다루기 어렵지만, 줄기가 부케의 안쪽을 향하도록 잡으면 적당한 공간을 만들면서 저절로 선다. 반드시 익혀두었으면 하는 기법이다.

재료:
수국
당근꽃
나무딸기
페루꽈리 비올라케아

modele ③

부케 드 마리에
Bouquet de Marié

불 스타일의 놀라운 전개
전문가들도 감탄을 자아내는 디자인 부케

"도대체 모양이 어떻게 되어 있는 거야?", "어떻게 만들지?". 꽃집을 운영하거나 꽃꽂이 수업을 하는 선생님들도 많이 참가하는 내 레슨에서 가장 인기 많은 부케. 신부 부케에 응용할 수 있는 디자인이다. 윗부분은 38쪽에서 소개한 불 스타일로 둥근 볼 형태를 만들고, 아랫부분은 식물 소재를 거꾸로 묶어 스템stem(식물의 줄기)을 가려준다. 아랫부분은 투명한 화기에 넣어 물속에서의 아름다운 자태도 즐겨보자. 사용 직전까지 물에 담가 놓기 때문에 철사 처리를 하거나 부케 폼 홀더(부케 제작에 사용하는 수분을 공급해주는 재료)에 꽂은 신부 부케에 비해 시들지 않으므로 안심할 수 있다. 꽃이 지니고 있는 곡선을 살린 내추럴한 분위기가 최근 신부들에게 인기를 끌고 있다.

재료:
가든 로즈
까치밥나무

modele ④
콩포지시옹
Composition

재료:
수국, 코스모스
스카비오사
나무딸기

modele ⑤
콩포지시옹 스페셜
Composition Spéciale

재료:
양귀비, 미모사
유칼립투스, 아이리시아이비

파리 스타일의 바스켓 어레인지먼트와 화기를 장식하여
부케를 넣는 참신한 디자인

파리에서는 플로럴폼에 꽂은 어레인지먼트를 '콩포지시옹'이라고 부르며, 교회나 묘지 등 애도를 표하는 꽃으로 사용하는 경우가 많은데, 일본에서는 화기 없이 그대로 장식해 놓을 수 있는 바스켓 어레인지먼트의 수요가 많아 레슨에도 포함되어 있다.

파리에서 배운 바스켓 어레인지먼트는 원형이나 삼각형 같은 형태를 만들기보다 정원이나 자연의 일부를 옮겨놓은 듯한 내추럴한 디자인으로, 마치 들꽃이 대지 위에 피어 있는 것처럼 표현하는 것이다.

파리에서 진행하는 부케 레슨에는 복수 수강을 하는 참가자들이 많기 때문에 ①~④를 모두 수강한 참가자에게는 화기를 잎이나 꽃으로 장식해 부케를 넣어 일체화시키는 '콩포지시옹 스페셜'이라는 레슨도 제안하고 있다.

a.basic
샹페트르 부케 만들기에 필요한 도구와 재료

outil ① 갖추고 있으면 편리한 가위, 나이프

첫 번째 가위는 무엇이든 자를 수 있는 'c'를 추천
나이프를 사용할 수 있게 되면 작업 속도가 빨라진다

오른쪽의 c가위가 있으면 꽃이나 가지, 철사, 투명 비닐, 리본도 자를 수 있으므로 첫 번째 가위로 추천한다. a는 가벼워서 사용하기 편하고 디자인도 예쁘다. 사용할 때마다, 볼 때마다 기분이 좋아지는 도구가 있으면 부케 제작도 한층 더 즐거워진다. 굵은 가지나 큰 부케의 줄기도 자를 수 있는 b도 있으면 편리하다. d는 리본이나 투명 비닐, 특히 포장지를 자를 때 매우 유용하다. e는 파리 근교에 있는 헝지스Rungis 꽃시장에서도 판매하며, 플로리스트들이 일회용처럼 사용하는 나이프이다. 매장에서는 나이프를 잃어버릴 수도 있어 저렴한 것이 매력이다. f는 접이식이므로 휴대하기 편리하다.

마끈
미끄럽지 않아서 단단하게 묶을 수 있고, DIY 재료 전문점에서도 판매하므로 구입하기 쉽다.

라피아
라피아야자 섬유를 가공, 건조한 것. 염색한 것도 있다. 파리의 플로리스트들은 거의 라피아를 사용한다.

outil ② 부케를 묶는 끈 종류는 필수

잘 끊어지지 않는 라피아는 파리의
헝지스 꽃시장에서 인기 상품

파리에서 판매하는 라피아는 잘 끊어지지 않아서 부케를 단단히 묶을 수 있다. 이 끈을 사기 위해 내가 주최하는 헝지스 꽃시장 재료 구매 투어에 참가하는 일본인 플로리스트도 있을 정도이다. 일본에서 파는 라피아는 쉽게 끊어지기 때문에 물에 적셔서 사용하거나 마끈으로 대체해 사용하는 사람도 많은 듯하다. '소티바Sotiba'라고 부르는 신축성 있는 비닐테이프나 원형 고무줄을 사용해 부케를 묶는 플로리스트도 있다. 부케 드 마리에처럼 묶은 부분을 눈에 띄지 않게 하고 싶을 때는 녹색 무명실도 좋다.

a.c.
꽃가위
a는 멋스럽고 공간을 많이 차지하지 않는다. 가볍고 외날 가위이므로 아이들에게도 추천할 수 있을 정도이다. c는 만능 가위. 이거 하나만 있으면 대부분 자를 수 있다.

b.
전지가위
상페트르 부케에는 가지 소재도 자주 사용하므로 전지가위가 있으면 편리하다.

d.
일반 가위
포장지나 리본을 자를 때 매우 유용하다.

e.f.
플로리스트 나이프
줄기 아랫부분의 잎 처리나 장미 가시 제거 등 전문가에게는 필수 도구. 플로럴폼에 꽃을 꽂을 때는 나이프를 사용하는 것이 좋다.

outil ③

부케를 포장하기 위한 도구

심플하고 소박한 스타일이
파리의 포장법

보통 부케의 색에 맞춰서 습자지나 크라프트지의 색상을 바꿔서 포장해주는 서비스를 하는데, 파리의 플로리스트들은 저마다 플라워숍의 컬러에 맞춰 정해놓은 색상의 용지로 모든 포장을 한다. 포장을 화려하게 해서 호화롭게 보이게 한다기보다 '꽃을 돋보이게 하는 심플한 포장'이라는 느낌이 든다. 꽃이 싱싱해서인지 따로 물 처리를 하지 않고 줄기를 그대로 노출시킨다. 한 플로리스트에게 이유를 물어보니 '물주머니가 달린 모습은 예쁘지 않으니까'라는 단 한마디. 고객 서비스보다 아름다움이 중요한 나라라는 것을 알고 놀라웠다.

포장지
파리의 유명 매장에서는 크라프트지와 '파피에 드 수아papier de soie'라는 얇은 종이 두 장을 주로 사용한다. 대형 소매점에서는 투명 비닐로 포장하는 경우가 많다.

리본
두꺼운 새틴 리본으로 고리 모양을 만들어 겹친 것, 무늬가 있는 것, 망사 등 장식 리본은 지방에 있는 꽃집이나 대형 소매점에서 사용한다. 플라워 전문 잡지에 실릴 정도의 유명 플라워숍에서는 종이 소재의 가는 테이프나 컬러 라피아, 코드(끈)를 사용한다.

파니에panier(바스켓)
둥근 형태나 손잡이가 없는 것 등 파니에에도 다양한 형태와 소재가 있는데, 세련된 플로리스트들은 이 타원형 파니에를 주로 사용한다.

플로럴폼
물이 담긴 용기에 넣어 누르지 말고 저절로 가라앉게 두었다가 화기에 세팅한다. 사진의 파니에에는 플로럴폼 한 개의 2/3분량을 사용한다. 꽃을 꽂은 후에는 매일 물을 보충한다.

사각 유리화기
사각형은 테이프로 식물 소재를 고정할 때 이리저리 흔들리지 않으므로 제작이 용이하다. 모던한 화분 커버로 사용할 때도 많다.

소티바Sotiba
신축성 있는 비닐 소재 테이프. 플로럴 테이프보다 물에 강해서 잎을 화기에 둘러 고정할 때 편리하다.

outil ④

콩포지시옹과
콩포지시옹 스페셜에
사용하는 용기와 재료

일본 도쿄 아사쿠사에 있는
'이스트 사이드 도쿄'는
사용하고 싶은 재료로 가득한 보물창고

파니에, 유리화기, 시크한 색상의 왁스지나 왁스끈 등 일본에서 재료가 필요할 때는 'east side tokyo (eastsidetokyo.jp)'에 간다. 여기에서 소개한 용품 외에 레이스 리본이나 알파벳 스탬프, 철제 픽 등 파리의 분위기를 연출할 수 있는 소품들이 부담 없는 가격으로 고루 갖춰져 있다.

b.basic
부케에 사용할 좋은 꽃 고르는 법 익히기

보통 꽃을 구입한 후 최대한 오래 즐기기 위해 봉오리가 단단한 꽃을 선호하는 경향이 있는데, 과리에서는 대부분 저녁 식사 초대를 받았을 때 혹은 생일, 결혼기념일 등에 선물할 때 가장 아름다운 상태의 꽃으로 부케를 만든다. 프랑스인들은 오래 도는 것보다 기뻐해주기를 바라는 마음을 중요하게 여긴다.

꽃은 시들어버리지만 거기에 담은 마음과 받았을 때의 기분이 중요한 것이다. 작은 봉오리들만 있으면 화려하게 연출하기 어렵고 부케를 만들 때도 어려우므로 초보자들도 쉽게 만들 수 있는 '선탁해야 할' 꽃, 그리고 같은 한 대라도 사용하기 쉽고 활용도가 높은 잎 소재, 가지 소재를 소거한다.

modele ① 꽃의 경우

선택해야 할 것

장미, 작약 등 활짝 핀 것과 살짝 벌어진 봉오리를 고르면 볼륨감도 더해져 아름다운 부케를 만들 수 있다.

피해야 할 것

꽃잎이 변색되었거나, 상처가 너무 많거나, 꽃이 곧 져버릴 것처럼 벌어진 것, 너무 단단한 봉오리는 개화하지 않을 수도 있으니 피하는 것이 좋다.

modele ② 꽃이 피는 가지의 경우

선택해야 할 것

피해야 할 것

꽃의 끝부분까지 탄력 있고 가지가 여러 갈래로 갈라진 것이 사용하기 편하다.

꽃의 끝부분이 시들었거나 볼륨감이 없는 것은 다루기 어려우므로 피하는 것이 좋다.

modele ③ 잎가지의 경우

선택해야 할 것

피해야 할 것

여러 개로 나누어도 충분히 사용할 수 있는 길이(20cm 정도)의 가지가 여러 갈래로 갈라져 있는 것을 고르면 유용하다.

가늘고 긴 가지는 잘라 나누어 사용하기 어렵고, 같은 한 대라도 빈약해 보이므로 부케에는 적합하지 않다.

구하기 쉽고 가격도 부담 없는 가지 소재를
유용하게 활용하자

일본에서 데먼스트레이션을 할 때 가장 곤란한 점이 파리에서 사용하는 잎 소재를 구할 수 없다는 것이었다. 그러나 '이케바나'라고 하는 전통 꽃꽂이 문화가 있는 일본에는 프랑스 출신 플로리스트들도 감탄할 만큼 아름다운 가지 소재가 많다. 게다가 꽃보다 비쌀 때도 있는 잎 소재보다도 저렴한 가격에 살 수 있고, 가지가 여러 갈래인 것은 잘라 나누어 여러 대로 사용할 수도 있다.
왼쪽의 사진을 참고하여 부케에 적합한 형태의 가지를 고르도록 하자. 잎 색깔이 너무 짙지 않고 밝은 녹색 잎이 달린 가지가 좋다.

c.basic
샹페트르 부케를 만들기 위해 가장 중요한 '재료 손질 방법' 익히기

프랑스어로 '네투아예nettoyer'
재료 손질을 꼼꼼하게 하는 것이 성공의 열쇠

샹페트르 부케는 들판에서 자생하는 잡초 같은 들꽃을 사용하기 때문에 꼼꼼히 재료 손질을 하지 않으면 어수선하고 촌스러워 보이기 십상이다. 내추럴하고 세련된 샹페트르 부케를 만들려면 무조건 재료 손질을 철저히 해야 한다. '아깝다고 잎을 남겨두면 아름다운 부케를 만들 수 없다'는 것을 명심하도록 하자.

녹색이 지나치게 짙은 장미나 작약의 잎은 모두 제거한다. 사용하기 편한 길이로 잘라 나눈 가지와 잎 소재는 중간 부분부터 아래쪽 잎을 모두 제거한다. 잎을 남겨두면 부피감은 생기지만, 부케는 무조건 크게 만든다고 좋은 것이 아니다.

step ① 변색된 꽃잎과 잎사귀를 떼어내 재료 손질하기

◎ **꽃 소재의 경우(장미)**

1.

갈색으로 변색되었거나 꺾인 꽃잎을 제거한다.

2.

가지가 갈라져 나온 부분을 잡고 떼어낸다.

3.

잔가지를 모두 제거한다.

4.

장미 가시가 있을 경우 나이프를 줄기와 평행이 되게 놓고 아래쪽에서 위쪽으로 밀어서 베어내듯이 제거한다. 사진은 줄기를 눕혀서 제거하는 방법.

5.

줄기를 세워 나이프를 아래쪽으로 밀어서 제거하는 방법도 있으며, 파리에서는 이 방법을 이용하는 플로리스트가 많다.

6.

손질이 모두 끝난 모습.

◉ 잎 소재의 경우(유칼립투스)

1.

전체 길이의 중간 부분을 기준으로 줄기를 잡고 다른 한쪽 손으로 훑어주듯이 잎을 제거한다.

2.

잘라 나눈 가지의 중간 부분보다 아래쪽에 있는 잎은 모두 제거하는 것이 좋다.

step ② 플로리스트 나이프를 사용해 재료 손질하기

1.

손질을 하지 않아 잎이 무성한 작약.

2.

다발을 잡을 때 방해되지 않도록 돌기 부분을 나이프로 베어낸다.

꽃가위뿐 아니라 나이프도 사용할 수 있도록 하자

플라워 어레인지먼트 레슨을 할 때 꽃가위를 사용하고 나이프는 사용하지 않는 곳이 많은 것 같다. 익숙해지기 전에는 무서울 수도 있지만, 잎이나 장미 가시를 제거하거나 줄기를 예리하게 잘라 물올림을 원활하게 할 때도 나이프를 사용할 수 있으면 편리하다. 나이프를 사용하는 편이 작업도 빨리할 수 있고, 노련한 느낌이 드는 것도 좋다. 줄기를 자를 때의 요령은 나이프로 자르려고 하지 말고 반대쪽 손으로 줄기를 잡아당겨 올리듯이 자르는 것. 그 다음은 어느 정도 상처가 생기는 것을 각오하고 오로지 연습하기에 달려 있다.

3.

잎 제거는 손이나 나이프 중에 작업하기 쉬운 방법으로 한다.

4.

줄기를 칼날과 엄지 사이에 넣는다(오른손을 사용할 때도 같은 방법으로).

5.

칼날을 세워 줄기에 칼집을 내듯이 잡은 후 반대쪽 손으로 줄기를 위로 잡아당기면 잘 잘린다.

6.

사선으로 잘린 단면.

잘라 나눈 전체적인 모습

손질이 끝난 상태

작약이나 장미의 아랫부분에 있는 잎은 색이 너무 짙어서 부케의 분위기가 무거워지고, 잎 소재와 잘 어우러지지 않으므로 제거한다. 아까운 것 같아도 세련된 부케를 만들려면 필요한 작업이다.

step ③ 꽃가위를 사용해 가지 소재의 곁가지 잘라내기

1.

곁가지가 20cm 이상이면 가지가 갈라져 나온 위치에서 자른다.

2.

돌출되는 부분이 없도록 가지가 나온 부분을 바짝 자른다.

3.

너무 길면 다발을 잡기가 불편하므로 아랫부분은 잘라낸다.

4.

곁가지가 20cm가 되지 않는 윗부분은 여러 갈래로 갈라진 상태 그대로 남겨둔다.

잘라 나눈 전체적인 모습

손질이 끝난 상태

여러 개로 나눈 가지는 중간 부분부터 아래쪽 잎을 모두 제거해둔다. 가지를 잡았을 때 튀어나온 돌기가 있으면 나이프로 베어내면 좋다. 이 작업을 꼼꼼히 해두면 단시간에 아름다운 부케를 만들 수 있다.

유용한 가지 소재 잘라 나누는 방법

여러 갈래로 갈라진 가지 소재는 효율적으로 잘라 나누어 사용하도록 하자. 기본적인 부케 론을 만든다면 손바닥 길이(손가락 끝부터 손목까지 약 20cm)를 기준으로 하고, 그보다 더 긴 가지가 있으면 가지가 갈라져 나온 위치에서 자른다. 가지의 아랫부분부터 순서대로 잘라나간다. 곁가지가 손바닥 크기보다 작을 경우 중심선(원가지)을 잘라 전체 길이가 30cm 정도가 되게 한다. 처음에 잘라 나눈 가지도 중간 부분부터 아래쪽 잎은 모두 제거해 손질해놓는다.

step ④ 꽃이나 가지가 물을 잘 흡수할 수 있도록 하는 작업

◉ **줄기 사선으로 자르기**

◉ **줄기 안쪽 긁어내기**

꽃이나 가지가 물을 잘 흡수할 수 있도록 절단면의 면적을 넓혀주는 것이 좋다.

줄기의 절단면에서 5~6cm 위치에 나이프를 대고, 최대한 단면을 넓고 예리하게 자른다. 줄기 안에 있는 하얀 솜처럼 생긴 것을 칼날 끝으로 긁어내 도관을 노출시킨다.

◉ **줄기 밑 쪼개기**

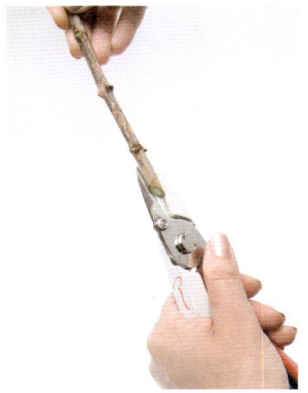

가지의 밑 부분을 가위를 이용해 2~3cm 정도 열십자로 자른 후 가위로 젖혀 벌려준다.

부케를 오래 즐길 수 있는 소소한 비법과 손질법

꽃과 가지 모두 줄기는 사선으로 잘라 표면적을 넓혀주면 물을 더욱 많이 흡수할 수 있으므로 수명이 길어진다. 나이프로 예리하게 자를 수 있으면 더욱 좋다. 안에 있는 하얀 솜처럼 생긴 것을 긁어내는 기법은 탈수 현상이 나타나기 쉬운 수국이나 목수국, 라일락 등에 유용하다. 나는 왼손잡이라서 사진은 왼손으로 나이프를 잡고 있지만, 오른손잡이는 오른손의 엄지를 제외한 나머지 손가락으로 나이프를 잡고, 엄지를 줄기 밑에 대어 줄기가 사이에 끼이도록 잡고 작업하도록 한다.

2.
처음 만드는 샹페트르 부케

한때는 나도 부케를 만드는 데 서툴렀지만 차차 실력이 늘었다. 그때의 경험을 살려 누구나 예쁘게 부케를 만들 수 있는 레슨을 파리에서 진행하고 있다. "이렇게 하니까 만들기 쉽네요!"라며 수강생들의 얼굴에 밝은 미소가 번지게 한 기법을 이 책에 담아 공개한다.

a. basic
부케는 만들기 어렵다는 생각을 버리자

**파리 스타일은 부케가 큰 비중을 차지한다
'어렵다'는 생각이 든다면 꼭 알아두길 바란다**

보통 플라워 어레인지 레슨에서는 플로럴폼에 꽃을 꽂는 어레인지먼트를 만드는 경우가 많다 보니 '부케는 어렵다'는 말을 자주 듣는다. 사실 나도 그중 한 사람으로서 어렵게만 느껴지는 부케에 대해 공부하고 싶어 14년 전에 파리까지 오게 되었다. 다행히 파리의 유명 플로리스트들과 함께 일할 기회를 얻게 되어 직접 배울 수 있었는데, 제작 방법도 설명도 저마다 달라서……. 이론적으로 받아들이려 했던 나는 혼란을 겪으며 습득하기까지 수개월이나 걸렸다.
지금은 그 경험을 살려 왜 잘 만들지 못하는지, 어떻게 하면 잘 만들 수 있는지를 알려주는 레슨을 하고 있다. 그 핵심 내용을 아낌없이 소개해보고자 한다.

b. basic
기본 부케 만드는 방법과 파리 스타일의 꽃 조합 방법을 배워보자

**멋진 부케에 없어서는 안 되는
줄기가 유연한 소재의 사용 요령**

파리의 꽃집에서는 '열 대 묶음 한 단 단위 판매'를 하므로 부케를 주문하면 플로리스트는 열 대 단위로 꽃을 조합한다. 따라서 가장 먼저 배울 기본 부케에는 메인이 되는 꽃+형태가 다른 꽃(생동감 있는 유연한 꽃)+잎, 가지, 열매 소재를 열 대씩 준비하는 것이 좋다. 예산이 부족한 경우라도 꽃의 종류를 한정하여 한 종류의 꽃을 최대한 많이 준비하도록 한다.
줄기가 유연한 소재는 바깥쪽으로 처져서 다루기 어렵지만, 꽃의 얼굴이 부케의 중심 쪽을 향하도록 넣어주면 저절로 선다. 그래도 불안정할 때는 잎으로 받쳐주면 잘 고정된다. 부케를 둥글게 만드는 요령은 '돌려가며 만드는 것'이다. 그럼 이제부터 부케를 만들어보도록 하자.

기본 구성 요소

잎, 가지, 열매 소재

꽃을 돋보이게 해주는 이 명조연들은 파리 스타일에는 없어서는 안 되는 존재이다. 재료를 살 때 화려한 꽃에만 눈이 가기 마련인데, 잊지 말고 반드시 골라야 하는 소재이다.

메인이 되는 꽃

초보자는 장미나 작약처럼 존재감이 있고 줄기와 꽃이 곧게 뻗은 것이 사용하기 쉽다. 특히 향기가 좋고 컵 모양으로 피는 장미는 파리 사람들에게도 인기가 많다.

생동감을 더해주는 꽃

메인 꽃이 곧기 때문에 유연한 곡선을 이루는 꽃(숙근스위트피, 목수국 등)을 더해주면 샹페트르 스타일을 표현하기 쉽다.

c.basic
부케 론의 기본 스타일 3가지

modele

스탠더드 스타일
Bouquet Rond Standard

규칙적으로 배치된 반구형의 고전적인 부케에
계절의 향기를 더해

프렌치 스타일의 전통적인 부케는 메인 꽃과 작은 꽃이 번갈아가며 규칙적으로 배치되어 있으며 위에서 보면 둥글고, 옆에서 보면 반구형이다. 높낮이가 거의 없이 주발을 엎어놓은 듯한 형태를 띠고 있다. 긴 잎을 말아 스테이플러로 고정한 것이나 넓은 잎 소재를 사용해 볼륨감을 살려준다.

요즘 파리에서 유행하는 샹페트르 스타일은 한층 더 자유롭고 자연스러운 분위기이다. 생동감 있는 꽃, 줄기 끝의 형태나 색상이 섬세하고 아름다운 잎 소재를 사용해 기본 중의 기본인 부케를 만들어보도록 하자.

재료

◎ 메인이 되는 재료
장미: 10대

핑크피아제 로즈. 이브피아제 로즈의 자매종.

◎ 메인을 돋보이게 하는 재료
스카비오사: 10대

연한 분홍색에 무게감을 더해줄 수 있는 색을 선택한다. 스위트피로도 대체 가능.

◎ 전체가 조화를 이루게 하는 재료
유칼립투스: 10대

너무 유연하지 않고 스스로 설 수 있는 가지를 선택한다.

재료 선택 포인트

**종류를 한정할 것
세련된 꽃집은, 잎 소재도
고루 갖추고 있다**

꽃을 선택할 때 다양한 종류에 눈이 가기 마련인데, 그 날 가장 마음이 끌리는 꽃을 메인으로 10대 정도 골라보자.
그 다음 그 꽃을 돋보이게 하는 모양과 빛깔을 지닌 꽃을 10대. 예산이 부족한 경우라도 6대씩 선택하는 등 같은 종류를 어느 정도 풍성하게 준비한다. 잎 소재도 잊지 말고 선택하도록 한다. 세련된 꽃집은 잎 소재의 종류도 다양하게 갖추고 있다.

devant

세 종류의 소재만 사용해도 다채
롭고 우아한 분위기의 부케가 완
성된다.

재료 손질하기

1. 줄기를 잘라 나눈다

스카비오사는 줄기가 갈라진 부분에서 잘라 나눈다.

2. 잎을 제거한다

잎은 다발을 만들 때 방해가 되므로 모두 제거한다.

3. 손질이 끝난 상태

줄기가 갈라진 부분에서 잘라 나누고, 잎을 제거한 상태. 봉오리 상태의 꽃도 모두 사용한다.

4. 장미를 손질한다

변색되었거나 손상된 꽃잎을 제거한다.

5. 잎을 제거한다

다발을 만들 때 방해가 되는 잎을 모두 제거한다.

6. 가시를 제거한다

가시가 있는 경우는 손으로 떼어내거나 나이프로 제거한다.

7. 손질이 끝난 상태

가시는 줄기의 위쪽에서 나이프로 베어내 제거하거나 가위로 자른다.

8. 여분의 잎을 제거한다

유칼립투스는 중간 부분부터 위쪽의 잎을 남기고 아랫부분의 잎은 손으로 훑어서 제거한다.

9. 손질이 끝난 상태

아랫부분의 잎을 제거한 모습.

부케 만들 때 주의할 점

부케를 돌려가며 만들 것
손에 닿는 잎과 꽃은 제거할 것

부케를 돌리지 않고 손을 돌려가며 부케의 가장자리에서 꽃을 넣는 플로리스트가 많은데, 파리에서는 부케를 수시로 돌려가며 꽃을 더해주는 플로리스트가 대부분이다. 익숙해지면 균형이 잘 잡히고, 줄기도 한쪽으로 몰리지 않는다. 재료 손질을 꼼꼼히 했다 해도 부케를 잡고 있는 손에 닿는 잎이나 꽃이 있으면 그때그때 제거해 줄기를 깔끔한 상태로 유지하는 것도 중요한 포인트다.

derrière

부케 만들기

1.

장미를 잡고, 장미보다 높은 위치에 꽃이 뒤쪽을 향한 스카비오사를 비스듬히 덧댄다.

2.

줄기가 교차되는 지점에 유칼립투스를 비스듬히 덧댄다. 줄기 끝은 장미꽃 한 송이만큼 높여준다.

3.

교차 지점에 장미를 비스듬히 덧댄다. 높이는 1의 장미와 맞춘다.

4.
1의 장미가 앞쪽에 오도록 부케를 시계 반대 방향으로 돌린다. 교차 지점이 어긋나지 않도록 주의.

5.

스카비오사는 안쪽으로 향하게 하여 4의 장미 위에 얹어주듯이 덧댄다.

6.

스카비오사 위에 유칼립투스를 비스듬히 덧댄다. 높이는 2의 유칼립투스에 맞춘다.

7.
부케를 반 바퀴 돌려 장미 2대 사이에 유칼립투스를 넣는다. 높이는 다른 유칼립투스와 같다.

8.

7의 유칼립투스 앞에 장미를 덧댄다.

'스파이럴'은 중요하지만, 부케를 세워놓는 것이 목적은 아니다

중요한 것은 줄기가 교차되지 않고 한 방향으로 돌아가도록 잡는 것

부케를 배운 사람들은 "줄기는 45도 각도로 스파이럴(나선형)로 잡아야 하죠?"라고 묻는데, 줄기가 유연한 소재를 사용할 때는 우선 줄기를 수직(패럴렐)으로 넣어 잡다가 줄기가 많아지면 사선으로(왼손으로 잡는 사람은 왼쪽 위에서 오른쪽 아래로) 돌아가도록 잡으면 예쁘게 만들 수 있다.

처음에 꽃목에서 가까운 부분을 잡고 시작하면 꽃의 머리가 이리저리 움직이지 않기 때문에 수월하게 시작할 수 있다.

9.

8의 장미 왼쪽에 스카비오사를 끼워 넣는다. 높이는 다른 스카비오사와 같다.

10.

9의 스카비오사 앞에 유칼립투스를 비스듬히 덧댄다.

11.

부케를 돌려 꽃과 잎 소재의 배치 균형이 맞는지 확인한다.

12.

위에서도 확인하고, 잎이 부족한 왼쪽 아랫부분에 유칼립투스를 더해준다.

13.

12의 유칼립투스 왼쪽에 장미를 비스듬히 넣는다. 바깥쪽으로 갈수록 점차 꽃을 낮게 넣는다.

14.

부케를 반 바퀴 돌려 12의 장미 왼쪽에 꽃을 안쪽으로 향하게 하여 스카비오사를 덧댄다.

15.

위에서 모양을 확인하고, 잎이 부족한 부분에 유칼립투스를 더해준다.

16.

장미 앞에 유칼립투스를 덧댄다. 유칼립투스는 높이를 다르게 해서 더해주면 개성이 생긴다.

17.

부케를 돌려 16의 유칼립투스 왼쪽에 장미를 비스듬히 덧댄다.

18.

17의 장미와 왼쪽 장미 사이에 스카비오사를 끼워 넣는다. 꽃은 장미 위에 얹어준다.

19.

위에서 보고 모양을 확인한다. 18의 스카비오사 앞에 짧은 유칼립투스를 더한다.

20.

부케를 돌려 유칼립투스 2대가 나란히 있는 부분에 장미를 비스듬히 덧댄다.

21.

20의 장미 오른쪽에 스카비오사를 더한다. 꽃이 옆을 향하도록 배치한다.

22.

21의 스카비오사 앞에 유칼립투스를 낮게 더한다.

23.

위에서 모양을 확인하고, 짙은 색이 부족한 부분에 스카비오사를 더한다.

24.

23의 스카비오사 오른쪽에 유칼립투스를 더한다.

25.

23의 스카비오사 왼쪽이 비어 있으므로 유칼립투스를 더해 모양을 잡아준다.

26.

부케를 돌려 낮은 위치에 장미를 더해 줄기를 가린다.

27.

26에서 더해준 장미 왼쪽이 비었으므로 스카비오사를 넣어준다.

28.

27의 스카비오사 앞에 짧은 유칼립투스를 낮게 더한다.

29.

부케를 돌려 낮은 위치에 장미를 더해 줄기를 가린다.

30.

스카비오사의 꽃봉오리를 높게 넣어준다.

31.

30의 스카비오사 앞에 짧은 유칼립투스를 더해 줄기를 가린다.

32.

부케를 돌려 장미 앞에 스카비오사의 꽃봉오리를 약간 높게 넣어 포인트를 준다.

33.

꽃대가 눈에 띄는 브분에 유칼립투스를 낮게 더해준다.

34.

아직 줄기와 유칼립투스의 가지가 보이는 상태.

35.

짧은 유칼립투스를 더허주면 줄기와 가지가 가려지그, 둥근 모양도 만들 수 있다.

36.

부케를 돌려 낮은 위치에 장미를 더해 부케를 둥글게 만들어간다.

37.

36의 장미와 오른쪽 장미 사이에 유칼립투스를 더해준다.

전체적으로 확인하고 완성하기

38.

위에서 모양을 확인한다. 가운데 앞부둔이 비어 보인다.

39.

가운데 앞부분에 유칼립투스와 장미를 낮게 더해 모양을 잡아준다.

40.

모든 소재의 배치가 끝난 모습.

41.

부케를 잡은 손 바로 위에 라피아를 감아 한 바퀴 돌린다.

42.

느슨해지지 않도록 맞매듭을 단단히 묶는다.

fini!

줄기를 가지런히 잘라 완성한다.

modele ②

테트 어 테트
Bouquet Rond Tête a tête

가장 만들기 쉬운 스타일
같은 종류의 꽃을 모아 높이를 가지런히 맞춰 다발을 만든다

프랑스어로 '머리 맞추기'라는 의미. 꽃을 동일한 높이로 맞춰서 잡는다. 이렇게 하면 부케의 표면적이 커지므로 포장을 했을 때 돋보여서 옛날부터 선호도가 높은 형태이다. '그루핑grouping'이라고 하여 같은 종류의 꽃을 모아서 그룹으로 배치하는 기법도 많이 이용된다. 꽃의 배치나 높이에 주의하지 않아도 되므로 가장 간단하게 만들 수 있는 스타일이기도 하다. 여기에서는 더욱 내추럴한 샹페트르 부케가 되도록 목수국으로 높낮이에 약간 변화를 주고, 시계초로 생동감을 더해주었다.

재료

◎ 메인이 되는 재료
장미: 10대

비교하기 쉽도록 부케 론의 스탠더드 스타일(54쪽)과 같은 장미를 사용.

◎ 메인을 돋보이게 하는 재료
목수국: 5대

파리의 플로리스트들이 애용하는 인기 있는 꽃.

◎ 전체가 조화를 이루게 하는 재료
유칼립투스: 10대

중간색의 유칼립투스가 있다면 꼭 사용해보길 바란다.

시계초: 2줄

절화로 구입할 수 없는 경우에는 화분에 심긴 것을 구입하면 된다.

재료 선택 포인트

둥근 형태의 꽃을 선택하면 만들기 쉽다
덩굴성 그린 소재가 멋진 역할을 한다

스위트피나 델피니움처럼 긴 형태의 꽃이 아닌, 장미나 작약, 라넌큘러스처럼 둥근 형태의 꽃을 선택하면 비교적 쉽게 둥근 부케를 만들 수 있다. 부케 론의 스탠더드 스타일에서 사용한 스카비오사 대신 목수국을 넣는다. 탈수 현상이 나타나기 쉬운 꽃으로 알려져 있지만, 물올림을 충분히 해주면 의외로 수명이 길다. 부케에 경쾌한 분위기를 더해주어 파리의 플로리스트들도 매우 좋아하는 꽃이다.

devant

가장 심플하고 만들기 쉬운 부케 론 테트 어 테트. 초보자에게 추천한다.

재료 손질하기

1. 장미의 잎과 가시를 제거한다

잎은 손으로 떼어내고, 가시는 줄기의 위쪽에서 나이프로 베어내 제거하거나 가위로 잘라 준다.

2. 여분의 잎을 제거한다

유칼립투스는 줄기 위쪽 끝에서 약 10cm 부분에 있는 잎을 남겨놓고, 불필요한 아랫부분의 잎은 손으로 훑어 제거한다.

3. 목수국을 잘라 나눈다

목수국은 가지가 갈라진 부분에서 잘라 나누고, 잎은 모두 제거한다.

4. 잘린 부분을 손질한다

잘린 부분이 돌출되어 있는 경우는 잘린 부분을 짧게 잘라 준다.

5. 손질이 끝난 상태

손질을 마친 모습. 줄기 위쪽 끝은 가지가 갈라진 부분을 잘라 나누지 말고 남겨놓는다.

부케 만들기

1.

첫 번째 장미에 두 번째 장미를 비스듬히 덧댄다. 2대의 높이는 비슷하게 맞춘다.

2.

세 번째 장미도 높이를 비슷하게 맞춰 2대 사이의 공간에 끼워 넣듯이 비스듬히 덧댄다.

3.

줄기가 교차하는 지점을 단단히 잡고 부케를 시계 반대 방향으로 돌린다.

4.

장미 2대 사이의 빈 공간에 네 번째를 더해 1의 장미를 에워싸며 넣어나간다.

de haut

부케를 위에서 본 상태. 장미꽃을
높낮이가 다르게 잡으면 꽃이 더욱
생기 있어 보인다.

5.

위에서 전체적으로 보며 균형을 확인한다. 오른쪽 아래의 빈 부분에 장미를 더한다.

6.

다시 앞쪽에 1대를 더해 둥근 모양을 만들어간다.

7.

옆에서 본 모습. 각을 주어 잡으면 외곽선이 저절로 둥근 형태가 된다.

8.

부케를 돌려가며 계속 장미를 넣어 부케에 볼륨감을 더해나간다.

9.

꽃과 꽃 사이의 빈 공간에 장미를 넣어주어 둥근 모양을 만든다.

10.

부케를 돌려가며 장미를 더해 장미를 모두 사용한다.

11.

목수국을 더해나간다. 가지가 갈라지고 줄기가 길고 굵은 것부터 사용한다.

12.

목수국을 장미의 꽃송이 위에 얹고 꽃대를 장미 사이에 끼워 넣듯이 더해나간다.

13.

부케를 돌려 같은 방법으로 목수국을 더해나간다.

14.

위에서 보며 균형이 맞는지 확인한다. 오른쪽 위와 왼쪽 아랫부분이 비어 보인다.

15.

목수국의 줄기를 장미꽃 사이에 끼워 넣어 밑에서 잡아당겨주면 넣기 쉽다.

16.

부케를 돌려 모양이 일그러진 부분에 목수국을 더한다.

17.

목수국을 모두 넣은 모습.

18.

유칼립투스를 더해나간다. 가래쪽에서 위쪽으로 비스듬히 줄기를 세워 목수국 꽃송이를 들어 올린다.

19.

부케를 돌려 유칼립투스를 더한다. 전체적으로 둥글게 만들기 위해 높이는 다른 소재와 맞춘다.

20.

위에서 보며 균형을 확인한다. 꽃과 꽃 사이의 빈 부분에 유칼립투스를 더해준다.

21.

유칼립투스를 균일한 간격으로 모두 넣은 모습.

22.

바인딩 포인트(묶는 지점)에 가까운 낮은 위치에 유칼립투스를 넣어 꽃대를 가린다.

23.

바인딩 포인트에 닿는 잎은 부케를 묶을 때 방해가 되므로 제거한다.

24.

아래로 처진 목수국의 꽃송이는 유칼립투스로 들어 올려 받쳐준다.

25.

유칼립투스를 모두 사용해 부케 본체 완성.

26.

시계초는 덩굴손이 부케 쪽으로 향하도록 덧대 덩굴손을 부케 위에 늘어뜨린다.

27.

덩굴을 부케에 감아준다.

28.

두 번째 시계초도 같은 방법으로 감아준다. 부케 주위를 한 바퀴 감는다.

전체적으로 확인하고 완성하기

29.

덩굴손의 줄기 끝을 부케에 감은 덩굴에 걸쳐 고정한다.

30.

부케를 잡은 손 바로 위에 라피아를 감아 느슨해지지 않도록 맞매듭을 단단히 묶는다.

31.

여분의 라피아를 자르고, 줄기를 가지런히 자른다.

32.

부케의 외곽선에서 튀어나온 시계초의 잎을 잘라낸다.

fini!

화병에 꽂아 완성!

부케 만들 때 주의할 점

테이블 위에 놓고 덧대주는 방법도 유용하다
만드는 방법은 76쪽 참조

테이블 위에 꽃을 놓고 같은 높이로 덧대어 놓아주면 머리가 무거운 꽃이라도 이리저리 움직이지 않는 상태에서 다발을 잡을 수 있다. 먼저 메인 꽃으로 밑바탕이 되는 매스(덩어리, 면)를 만든 다음 부케를 들어 올려 사이사이에 생긴 공간에 부재료를 끼워 넣듯이 더해주면 예쁜 원이 만들어진다. 가장자리를 덩굴성 잎으로 에워싸서 정형화된 고전적 스타일이 되지 않도록 내추럴하게 완성한다.

modele 3

불
Bouquet Rond Boule

**샹페트르 부케의 대표적인 소재
그라미네가 자연스러움을 자아낸다**

고전적인 부케 론에 높낮이에 변화를 주어 입체감을 살려서 둥근 볼 형태로 발전시킨 스타일. 메인 꽃이 높이가 동일해지지 않도록 과감하게 높낮이 차이를 두면서 그 사이를 잎이나 열매로 조절해주며 둥글게 만들어나간다. 샹페트르 부케의 대표적인 소재인 그라미네(벼 이삭 모양 초화류의 총칭)를 사용해 마치 정원에서 꺾어온 듯한 부케를 연출한다. 둥근 볼 형태를 만들어줌으로써 화기의 가장자리까지 꽃이 배치되기 때문에 위에서 뿐만이 아니라 옆이나 아래에서 보아도 아름다운 부케가 완성된다. 크기를 자랑하는 것이 아닌 음영과 독특한 디자인이 특징적인 부케가 된다.

재료

◎ 메인이 되는 재료
장미: 10대

일본의 장미 농원 '로즈 팜 케이지Rose Farm KEIJI'에서 출하하는 일본 장미도 추천한다.

◎ 메인을 돋보이게 하는 재료
그라미네: 10대

유니폴라나 조로도 대체 가능하다.

마가목 열매: 3대

백당나무 콤팍툼, 아이리시 아이비도 좋다.

◎ 전체가 조화를 이루게 하는 재료
유칼립투스: 10대

줄기 끝의 형태가 섬세한 것을 고른다.

재료 선택 포인트

**그라미네를 더해주면 단번에 파리에서 유행하는
샹페트르 부케가 된다**

모델1(54쪽)과 모델2(62쪽)의 장미와 유칼립투스는 동일하지만, 부재료를 스모크 그래스나 유니폴라와 같은 벼 이삭 모양의 소재를 사용하면 부케 론이 샹페트르 스타일이 된다. 그라미네 잎을 그대로 남겨두면 얼마 지나지 않아 누렇게 변색되고, 부케가 촌스러워 보이므로 꼼꼼히 재료를 손질하는 것을 잊지 않도록 한다. 이삭 부분만 사용하며, 열매 소재도 마찬가지로 모든 잎을 제거하는 것이 세련된 샹페트르 부케를 만드는 포인트이다.

devant

동글동글한 모양이 사랑스
럽고, 화기의 가장자리까지
꽃이 배치되어 예뻐 보인다.

재료 손질하기

1. 그라미네를 손질한다

그라미네 잎은 위에서 끌어 당겨 내리듯이 줄기에서 떼어낸다.

2. 잎을 모두 제거한다

잎은 남겨두지 갈고 모두 제거한다. 떼어낼 때 줄기가 꺾이지 않도록 주의한다.

3. 손질이 끝난 상태

잎을 모두 제거한 모습. 잎이 제거되어 깔끔해 보인다.

4. 장미의 잎과 가시를 제거한다

잎을 손으로 떼어내고, 가시는 줄기의 위쪽에서 나이프로 베어내 제거하거나 가위로 자른다.

5. 우칼립투스의 불필요한 잎을 제거한다

유칼립투스는 줄기 위쪽 끝에서 약 10cm 부분에 있는 잎을 남겨놓고, 불필요한 아랫부분의 잎은 손으로 훑어 제거한다.

6. 열매 소재의 잎을 제거한다

변색되었거나 찌그러진 열매나 잎을 모두 제거한다.

부케 만들기

1.

첫 번째 장미를 잡고 두 번째는 꽃 한 송이 높이만큼 높여서 비스듬히 덧댄다.

2.

장미보다 높은 위치에 그라미네를 비스듬히 덧대고, 그 앞에 유칼립투스를 덧댄다.

3.

유칼립투스 앞에 장미를 비스듬히 덧대준다. 높이는 높은 장미에 맞춘다.

4.

장미는 2대를 한 쌍으로 넣는 것이 기본. 3의 아래에 장미 1대를 비스듬히 더 덧대준다.

derrière

5.

부케를 반 바퀴 돌려 오른쪽 앞에 그라미네를 비스듬히 덧 댄다.

6.

유칼립투스 앞에 마가목 열매를 안쪽으로 향하게 넣고, 그 앞에 장미를 높게 넣는다.

7.

6의 장미 아래에 장미를 1대 더 넣는다.

8.

장미 오른쪽에 유칼립투스를 더한다. 높이는 첫 번째 우칼립투스와 비슷하게 넣는다

9.

위에서 균형을 확인한다. 아랫부분의 볼륨감이 부족해 보인다.

10.

부케를 돌려 볼륨이 부족한 부분에 유칼립투스와 그라미네를 더한다.

11.

그라미네 앞에 마가목 열매를 더해준다.

12.

마가목 열매 앞에 높낮이가 다르게 장미 2대를 더한다.

13.

12의 장미 왼쪽에 생긴 공간에 유칼립투스를 넣어 모양을 잡아준다.

14.

위에서 균형이 닺는지 확인한다. 왼쪽 아래에 그라미네가 없는 상태이다.

15.

부케를 돌려 그라미네를 더해준다.

16.

15에서 더해준 그라미네 앞에 장미를 높게 더한다.

17.
16에서 더해준 장미 왼쪽에 장미를 1대 더 더한다. 높이는 꽃 한 송이 높이만큼 낮게.

18.
17의 장미 아래에 그라미네를 더해 꽃대를 가린다.

19.
위에서 확인한다. 왼쪽에 유칼립투스가 부족하므로 18의 그라미네 오른쪽에 더해준다.

20.
부케를 돌려 볼륨이 부족한 부분에 그라미네를 더해준다.

21.
부케를 돌려 전체적인 균형을 확인해가며 유칼립투스를 더한다.

22.
21의 유칼립투스 아래에 마가목 열매를 더한다.

23.
위에서 균형이 맞는지 확인한다. 아랫부분에 그라미네를 더해준다.

24.
23의 그라미네 앞에 유칼립투스를 더한다.

25.
부케를 돌려 24의 유칼립투스 왼쪽에 다시 유칼립투스 1대를 낮게 더해준다.

26.
위에서 전체적인 균형이 맞는지 확인한다. 아랫부분이 허전해 보인다.

27.
아랫부분에 그라미네와 유칼립투스를 넣어 볼륨감을 더해준다.

28.
옆쪽에서 확인한 후 장미의 줄기가 눈에 띄는 부분에 유칼립투스를 더해준다.

전체적으로 확인하고 완성하기

29.

부케를 돌려 가지가 보이는 부분을 확인한다. 마가목 열매의 가지가 눈에 띈다.

30.

유칼립투스를 낮은 위치에 더 해주어 마가목 열매의 가지를 가린다.

31.

위에서 균형이 맞는지 확인한다. 아랫부분이 비어 보인다.

32.

비어 보이는 부분에 유칼립투스를 더해준다.

33.

전체적인 균형을 확인하고, 유칼립투스나 그라미네를 더해 형태를 잡아준다.

34.

라피아를 둘러 단단히 잡아당기면서 한 바퀴 감는다.

35.

맞매듭을 묶은 후 여분의 라피아를 자르고, 줄기를 가지런히 자른다.

fini!

완성한 부케.

부케 만들 때 주의할 점

줄기를 기울여 꽃의 얼굴을 바깥쪽으로 향하게 하면
면이 생겨서 올드한 스타일이 되어버린다

줄기를 기울이지 말고 곧게, 꽃을 위로 향하게 하여 과감하게 높낮이 차이를 두면서 다발을 잡을 것. 마지막 단계에 넣는 꽃은 부케를 잡고 있는 손에 닿는 위치까지 짧게 넣어주면 둥근 볼 형태가 된다. 그러면 위에서 보아도 둥글고, 화기에 넣어 식탁에 놓을 때나 의자에 앉아서 보는 시선에서도 예쁘게 보인다. 선반처럼 높은 곳에 놓을 때도 아래쪽에서 꽃이 보여 '어느 방향에서 보아도 아름다운 부케'가 되는 것이다. 입체감이 참신한 디자인이다.

처음 만드는 샹페트르 부케: 특별편

눕혀놓고 만드는 부케
Faire un bouquet sur la table

**손이 작아도, 굽은 꽃이라도
쉽게 다발을 만들 수 있는 방법**

줄기가 가늘고 약한 장미나 커다랗게 핀 작약 또는 공조팝나무나 목수국처럼 줄기가 유연한 소재는 다발을 만들 때 손으로 단단히 잡는다고 해도 이리저리 움직이고 만다. 이런 이유 때문에 '만들기 어려워서 부케는 싫다'는 사람들도 많지 않을까? 소재를 테이블 위에 놓고 덧대어나가는 방법이라면 모양이 잘 잡히지 않는 꽃이라도 예쁘게 다발을 잡을 수 있다. 또한, 많은 양의 꽃을 사용해 대형 부케를 만들 때 계속 한 손으로 잡고 있으면 무거워서 힘든데 이 방법을 이용하면 쉽게 만들 수 있다.

재료

◎ 메인이 되는 재료
작약: 6대

10대를 사용하는 것이 기본이지만, 부족할 때는 6대를 사용해도 된다.

◎ 메인을 돋보이게 하는 재료
라일락: 5대

잎은 예쁘기는 하지만 상하기 쉬우므로 제거한다.

◎ 전체가 조화를 이루게 하는 재료
고광나무: 10대

경쾌한 꽃봉오리가 생동감을 연출해준다.

재료 선택 포인트

**샹페트르 부케의 기본,
줄기가 굽은 소재를 선택할 것**

샹페트르 부케의 매력은 생동감 넘치는 모습이다. 그것을 표현하기 위해서는 줄기가 굽은 소재를 선택하는 것이 필수. 작약이나 수국처럼 얼굴이 커서 '면'을 형성하기 쉬운 꽃에는 그 위를 덮어주듯이 넣을 수 있는 굽은 소재를 함께 배치하면 좋다. 한 대 한 대 모양이 다른 가지 소재를 사용하면 평면적인 부케가 되지 않고, 내추럴한 분위기를 쉽게 연출할 수 있다.

부케 만들기

1.

커다란 고광나무를 테이블 위에 놓은 채 왼손으로 잡고 라일락을 약간 낮게 얹어준다.

2.

라일락 오른쪽에 작약을 얹는다.

3.

그 위에 봉오리 상태의 작약을 얹는다.

4.

3의 위에 잎을 안쪽으로 향하게 하여 고광나무를 얹는다.

devant

곡선의 아름다움을 한껏
살린 우아한 부케로 완성.

5.

부케를 돌릴 때는 왼손으로 가지를 단단히 잡고 오른손으로 받쳐 세운다.

6.
부케를 시계 반대 방향으로 돌린다. 위에서 보며 부족한 부분을 확인한다.

7.
꽃이 필요한 면을 위로 놓고 테이블에 눕힌다. 작약 꽃봉오리를 더한다.

8.

꽃은 2대를 한 쌍으로 넣는 것이 기본. 7의 오른쪽에 작약 1대를 더 더해준다.

9.

작약의 꽃송이를 덮어주듯이 고광나무를 얹는다.

10.

9의 위에 커다란 라일락과 가는 잎 소재를 얹어 강약을 조절한다.

11.
부케를 들어 올려 균형이 맞는지 확인한다.

12.
꽃이 필요한 면을 위로 향하게 놓고, 라일락과 작약 2대를 얹는다.

13.

고광나무는 가지의 곡선이 안쪽을 향하게 하면 일체감 있는 형태로 완성된다.

14.

커다란 가지를 사용한 뒤에는 짧은 가지를 낮은 위치에 넣어 강약을 조절한다.

15.

위에서 균형이 맞는지 확인한다.

16.

부족한 부분을 정면에 놓고 눕혀서 라일락을 더한다.

부케 만들 때 주의할 점

수시로 부케를 들어 올려
반드시 위에서 보고 확인할 것

각종 꽃을 더해준 다음 부케를 들어 올려 위에서 보고 확인한다. 꽃이 부족한 부분이 정면에 오도록 부케를 시계 반대 방향으로(왼손으로 다발을 잡을 경우) 돌린 후 다시 테이블에 눕혀 놓고 꽃을 더해나간다. 이 과정을 수시로 반복하면 균형 잡힌 부케가 완성된다. 키가 큰 소재를 넣은 다음 키 차이가 크게 나는 낮은 소재도 넣어 강약을 조절해주는 것이 포인트이다.

17.

라일락 위에 작약 2대를 높낮이가 다르게 얹어준다.

18.

17에 고광나무를 덮어준다. 잎 사이로 꽃이 보이게 하면 샹페트르 분위기가 난다.

19.

긴 가지를 더한 뒤에는 잎이 안쪽을 향한 짧은 가지를 낮게 넣어 높낮이에 변화를 준다.

20.

위에서 균형이 맞는지 확인한다. 오른쪽 아랫부분이 비어 있다.

21.

오른쪽 아래에 고광나무를 더해주면 초록빛이 풍부한 느낌을 준다.

22.

낮은 위치에 짧은 고광나무를 더한다. 가지가 가려져 옆에서도 아름답게 보인다.

23.

다시 긴 고광나무를 높게 얹어준다.

24.

부케를 돌려 라일락이 앞쪽에 나와 있는 면에 고광나무를 얹는다.

25.

바인딩 포인트보다 아래에 있는 잎이나 손에 닿는 잎은 떼어낸다.

26.

균형이 맞는지 보면서 짧은 가지를 더해나간다.

27.

마지막으로 남은 라일락을 녹색이 많이 들어간 부분에 더해준다.

28.

볼륨이 큰 라일락 위에 가는 고광나무를 얹는다.

29.

다시 짧은 고광나무를 낮은 위치에 더해준다.

전체적으로 확인하고 완성하기

30.

부케를 세워 전체적인 균형이 맞는지 보면서 남은 짧은 고광나무를 더해준다.

fini!

부케를 잡은 손 바로 위에 라피아를 감아 맞매듭을 묶는다. 줄기를 가지런히 잘라서 완성!

Une scene de Paris
꽃이 아름답게 빛나는 거리

레슨을 하면서 만든 샹페트르 부케를 들고 나가 파리의 거리에서 촬영을 하는 시간도 즐거운 순간이다. 마침 길가에 세워져 있던 자전거에 살포시 얹어본다. 네온사인과 간판을 규제하고 있어서인지 어디에 꽃을 놓아도 한 폭의 그림이 된다.

chapitre 3

본격적인 샹페트르 부케 만들기

La vie en Fleur

1.

본격적인 샹페트르 부케에 도전해보자

파리의 부케 레슨에서 인기가 많은 '전문가 과정'에서 배우는 네 가지 유형의 제작 과정을 공개한다. 전국 어디에서나 만들 수 있도록 소재는 모두 꽃시장에서 구입한 것을 사용했다.

modele ①

꺾어온 꽃을 묶어 놓은 듯한 부케 샹페트르

가장 전형적인 샹페트르 부케
길게 뻗은 꽃의 형태를 살려준다

앞 장에서는 초보자도 만들기 쉬운 기본적인 부케 론 형태의 샹페트르 스타일을 소개했다. 지금부터는 어느 정도 상급 과정에 속한다. 많은 양의 소재를 사용하여 가장 전형적인 '샹페트르'라고도 할 수 있는 대형 부케를 만드는 방법을 설명한다. 부케 안으로 바람이 살랑거리며 스쳐 지나갈 수 있도록 완성하면 대성공이다.

devant

derrière

분주한 나날에 싱그러운 바람을 선사하는 부케 샹페트르.

[023쪽 참조]

재료

◎ 메인이 되는 재료
공조팝나무: 10대

동양적인 느낌이 강하고 작은 부케에는 사용하기 어렵지만 샹페트르에는 최적의 소재이다.

재료 선택 포인트

**흐르는 듯한 느낌을 표현할 수 있는
긴 형태의 소재를 선택하는 것이 비결**

앞 장의 부케 론 종류와는 대조적으로 공조팝나무나 아미초 등 긴 형태의 꽃이나 잎, 가지를 사용한다. 바람에 나부끼는 듯한 부케를 만들려면 '곡선이 아름다운 소재'를 선택하는 것이 필수. 위로 꼿꼿이 서는 꽃만으로는 이 세계를 표현할 수가 없다.

◎ 메인을 돋보이게 하는 재료
목수국: 5대

모든 부케에 사용 가능한 만능 선수라고 해도 좋은 소재이다.

◎ 메인을 돋보이게 하는 재료
병아리꽃나무: 10대

홑겹으로 피는 흰색 꽃이 청초하며, 잎 모양도 줄기의 흐름도 예쁘다.

◎ 전체가 조화를 이루게 하는 재료
고광나무: 10대

잎의 색과 줄기의 선이 아름다워 콩포지시옹에도 적합한 소재이다.

재료 손질하기

1. 병아리꽃나무의 가지를 잘라낸다

병아리꽃나무는 다발을 만들 때 방해가 되는 아랫부분의 잎과 손상된 잎을 제거한다.

2. 불필요한 잎을 제거한다

고광나무는 큰 가지는 가지가 갈라진 부분에서 자른다.

3. 손질이 끝난 상태

병아리꽃나무와 고광나무 모두 15~30cm 정도의 길이로 잘라 나누어 놓는다.

de haut

부케 만들 때 주의할 점

가지 소재는 바깥쪽으로 젖히지 말고 부케의 중심 쪽을 향하도록 넣는다

휘어진 꽃은 바깥쪽으로 젖혀지며 퍼져버려서 형태가 잘 잡히지 않아 애를 먹게 되는데, 꽃의 끝부분을 부케의 중심 쪽으로 향하게 하여 잡으면 적절한 공간을 유지하면서 저절로 선다. 익숙해지는 것이 중요하므로 여러 번 만들어보도록 하자.

꽃이 힘이 없는 것처럼 아래로 처져 보이면 줄기를 돌려 반대 방향을 향하게 하여 사용해본다.

부케 만들기

1.

꽃이 많고 가지가 예쁘게 뻗은 공조팝나무를 선택해 가지가 갈라진 부분에 목수국을 넣는다.

2.

1의 가지가 갈라진 부분에 공조팝나무를 넣는다. 공조팝나무의 가지 방향은 옆으로 향하게 한다.

3.

잎을 안쪽으로 향하게 하여 공조팝나무를 더한다. 높이는 1의 목수국과 동일하게 한다.

4.

부케를 시계 반대 방향으로 돌려 낮은 위치에 목수국을 넣는다.

5.

병아리꽃나무 잎을 안쪽으로 향하게 하여 비스듬히 덧대준다.

6.

부케를 돌려 5의 병아리꽃나무 왼쪽에 공조팝나무를 더해준다.

7.

병아리꽃나무는 아래쪽에서 위쪽으로 비스듬히 가지를 세워 처지는 공조팝나무 가지를 받쳐준다.

8.

부케를 반 바퀴 돌려 병아리꽃나무를 높게 넣는다.

9.

부케를 살짝 돌려 공조팝나무 앞에 꽃을 안쪽으로 향하게 하여 목수국을 넣는다.

10.

부케를 반 바퀴 돌려 고광나무를 넣는다. 가지의 곡선을 살려 안쪽으로 향하게 한다.

11.

부케를 돌려 10의 고광나무 왼쪽에 목수국을 낮은 위치에 더해준다.

12.

11의 목수국 앞에 가지가 갈라진 고광나무를 넣어 꽃대를 들어 올린다.

13.

부케를 반 바퀴 돌려 병아리꽃나무를 넣는다. 높이는 오른쪽 목수국에 맞춘다.

14.

짧은 고광나무와 공조팝나무를 낮게 넣어 가지를 가리고 아랫부분에 볼륨감을 더한다.

15.

가지가 곧고 길쭉한 고광나무를 공조팝나무의 꽃과 꽃 사이에 넣는다.

16.

14의 공조팝나무 아래에 곁가지가 있는 목수국을 넣어 아랫부분에 볼륨감을 더한다.

17.

16의 목수국 앞에 키가 큰 고광나무를 넣는다.

18.

17의 왼쪽에 짧은 고광나무를 넣는다. 높낮이가 다른 것을 번갈아 넣어 강약을 조절한다.

19.

위에서 보며 꽃의 배치나 볼륨감 등 전체적인 균형을 확인한다.

20.

옆에서도 확인한다. 오른쪽 앞의 볼륨감이 약간 부족해 보인다.

21.

볼륨이 없는 부분에 짧은 공조팝나무를 넣는다.

22.

부케를 돌려 짧은 병아리꽃나무를 넣어 21의 공조팝나무를 받쳐준다.

전체적으로 확인하고 완성하기

23.

위에서 보며 전체적인 균형을 확인한다.

24.

볼륨이 부족한 부분에 커다란 목수국을 높게 넣는다.

25.

24의 목수국을 받쳐주듯이 병아리꽃나무를 아래쪽에서 비스듬히 넣어 줄기를 가린다.

26.

잎이 많아 화사한 느낌이 부족하므로 화려한 공조팝나무를 낮은 위치에 넣는다.

27.

가지가 보이는 부분에 짧은 병아리꽃나무나 고광나무를 넣어 가려준다.

28.

부케를 돌려가며 낮은 위치에 짧은 소재를 넣어 아랫부분에 볼륨감을 더해준다.

29.

바인딩 포인트에 라피아를 단단히 감아 맞매듭을 묶는다.

30.

다발을 묶은 후 여분의 라피아를 자르고, 가지를 가지런히 자른다.

fini!

내추럴한 스타일이 고유의 멋
형태를 가지런히 맞추려 하지 말 것

규칙적으로 가지런히 꽃을 넣은 부케와는 달리, 전체적으로 균형이 잡혀있으면 모양이 약간 비뚤어져도 상관없다. 중요한 것은 꽃이나 가지의 방향을 하나하나 살려주는 것이다. 보는 각도에 따라 모습이 달라지는 것도 이 부케의 매력 중 하나이다. 너무 어렵게 생각하지 말고 어릴 적 들판에서 꽃을 꺾어 잡았을 때의 느낌을 떠올려보자.

modele

꽃 전문가도 '충격적'이라며 놀라워하는 기법을 이용한 부케 드 마리에

부케 론 '불'에서 진화된 디자인
신부 부케에 응용할 수 있는
전체 내추럴 스템의 참신한 디자인 부케

철사나 홀더를 사용하지 않는 전체 '내추럴 스템' 부케. 내추럴 스템이란, 부케의 스템stem(줄기)까지 꽃이나 잎으로 장식하는 디자인이다. "도대체 어떻게 만드는 거야?"라며 전문가와 비전문가를 불문하고 주목을 받으며 파리에서도 인기가 많은 레슨이다.

캐스케이드나 라운드처럼 정형화된 형태를 만드는 것이 아니라 저마다의 꽃 모양, 줄기의 흐름을 살려주는 것이 샹페트르 스타일이다. 매우 수준 높은 기법을 이용하므로 한 번에 익히지는 못할 수도 있으나 몇 번이든 시도해볼 가치가 있는 매력적인 디자인이다.

재료

◎ 메인이 되는 재료
시즈쿠 장미: 10대

단아한 자태가 매력적인 '로즈 팜 케이지'에서 출하되는 장미.

◎ 메인을 돋보이게 하는 재료
스카비오사: 10대

자칫 밋밋해 보일 수 있는 옅은 색상에 무게감을 더해주는 포인트로 사용한다.

◎ 전체가 조화를 이루게 하는 재료
목수국: 5대

5cm 정도의 짧은 부분도 마지막에 사용하므로 버리지 않도록 한다.

◎ 줄기 부분을 장식하는 재료
아이비: 1줄

마무리로 라피아를 가리기 위해 사용한다. 아이비로 줄기 전체를 감싸도 좋다.

콩 꽃: 10대

꽃보다 돌돌 말린 덩굴손이 주인공이다. 숙근스위트피로도 대체 가능. 3대는 손질을 하지 않는다.

devant

장식해 놓을 때는 투명한 유리화기에 넣어 라피아로 묶은 부분까지 물에 담근다. 물속에서 하늘거리는 꽃도 함께 즐길 수 있는 디자인. 화기의 물은 매일 갈아주면 되므로 물이 탁해질 우려도 없다.

[191쪽 참조]

부케 재료 손질하기

1. 목수국을 잘라 나눈다

목수국은 가지가 갈라진 부분에서 2~3개로 잘라 나눈다. 짧은 가지가 있어도 좋다.

2. 불필요한 잎을 제거한다

다발을 만들 때 방해가 되는 잎을 제거한다. 시든 잎도 떼어낸다.

3. 손질이 끝난 상태

목수국 손질 끝. 위쪽 끝부분의 잎을 한 장만 남겨놓는다.

4. 콩 꽃의 곁가지를 자른다

콩 꽃은 줄기가 갈라진 부분에서 잘라 나눈다.

5. 윗부분을 잘라 반으로 나눈다

긴 줄기는 가지가 갈라진 부분의 잎 바로 위에서 잘라낸다.

6. 아랫부분의 잎을 제거한다

줄기 마디에 붙어 있는 큰 잎은 다발을 만들 때 방해가 되므로 제거한다.

재료 선택 포인트

**덩굴성 식물로
스템을 내추럴하게 장식한다**

덩굴성 잎을 준비한다. 절화로 구입하기 어려운 경우는 화분에 심긴 것을 구입한다. 아이비, 재스민, 시계초 등을 밑동에서 잘라 그대로 줄기 주위에 덧대어주면 길이도 제각기 달라 자연스러운 분위기로 완성된다.

부케 만들기

1.

가지가 튼튼한 목수국을 잡고 가지가 갈라진 부분 중간에 장미를 넣는다.

2.

1보다 꽃 한 송이 높이만큼 낮은 위치에 장미를 더한다. 한꺼번에 2대를 넣으면 모양을 잡기 쉽다.

3.

높낮이가 다르게 스카비오사 2대를 더해준다.

4.

콩 꽃은 비스듬히 잡아 부케의 중심축과 교차시킨 상태로 덧댄다.

couché

파리 스타일을 좋아하는 신부들에게 인기 있는 내추럴 부케. 가로로 놓고 본 모습. 어느 방향에서 보아도 아름답다.

5.

콩 꽃은 아래쪽에서 위쪽으로 비스듬히 세워 목수국을 들어 올린다. 덩굴손으로 생동감을 연출한다.

6.

콩 꽃과 목수국 사이에 높낮이가 다르게 장미 2대를 넣어준다.

7.

부케를 돌려 콩 꽃과 스카비오사 2대를 낮은 위치에 비스듬히 넣는다.

8.

스카비오사 아래에 목수국을 더해 밑에서 스카비오사를 밀어 올린다.

9.

부케를 돌려 장미 앞에 콩 꽃을 넣는다.

10.

콩 꽃 앞에 높낮이가 다르게 장미를 2대 넣는다.

11.

장미 오른쪽에 목수국을 넣는다. 꽃대가 바깥쪽을 향하면 모양이 흐트러지므로 주의한다.

12.

목수국의 꽃대를 안쪽으로 향하게 하여 꽃을 부케 위에 얹어주듯이 넣는다.

13.

목수국 왼쪽에 콩 꽃을 넣는다. 콩깍지를 바깥쪽으로 향하게 하여 포인트를 준다.

14.

콩 꽃 앞에 높낮이가 다르게 스카비오사 2대를 낮게 넣어준다.

15.

스카비오사 앞에 콩 꽃을 넣는다. 덩굴손이 위로 올라오게 하여 생동감을 더해준다.

16.

스카비오사 아래에 목수국을 덧대어 스카비오사와 장미의 줄기를 가린다.

17.

부케를 반 바퀴 돌려 낮은 위치에 높낮이가 다르게 장미 2대를 더한다.

18.

장미 오른쪽에 스카비오사 2대를 넣는다. 낮은 위치까지 꽃으로 감싸면 아름답게 완성된다.

19.

스카비오사 오른쪽에 콩 꽃을 더한다.

20.

부케를 돌려 꽃이 적은 부분에 높낮이가 다르게 스카비오사를 더해준다.

21.

위에서 보며 전체적인 균형을 확인한다.

22.

오른쪽 아랫부분이 비어 있으므로 콩 꽃을 더해준다.

전체적으로 확인하고 완성하기

23.

다시 아랫부분에 목수국과 콩 꽃을 덧대어가며 모양을 잡아준다.

부케 만들 때 주의할 점

줄기는 사선이 아니라 꽃이 위를 향해 서 있는 상태로 더해준다

부케 윗부분은 부케 론 '불'을 참고한다. 아랫부분은 꽃의 끝부분이 바깥쪽으로 벌어지지 않도록 안쪽 또는 옆을 향하도록 넣어줄 것. 잎의 뒷면이 보여도 상관없다. 바인딩 포인트 가까이에 짧은 꽃을 넣어주면 라피아를 가릴 수 있다.

꽃 위로 공간을 두고 다른 꽃이 겹쳐지도록 하면 입체감이 생긴다.

24.

부케를 돌려 높낮이가 다른 장미를 최대한 손잡이 부분에 가까운 낮은 위치에 넣는다.

25.

완성된 부케의 줄기 길이는 10cm 정도로 짧게 가지런히 자른다.

26.

부케의 손잡이 부분은 손질하지 않은 콩 꽃으로 감싼다.

27.

콩 꽃은 줄기 끝을 아래로 향하게 하여 손잡이 부분을 덮어준다.

28.

부케를 돌려 콩 꽃을 더한다. 잎이 바깥쪽으로 향하면 넓게 퍼지므로 옆으로 향하게 한다.

29.

콩 꽃은 길이를 불규칙하게 넣어주면 자연스러운 분위기로 완성된다.

30.

한 바퀴 돌아가며 콩 꽃을 더해주면 완성. 라피아로 갖매듭을 묶는다.

31.

라피아 위에 아이비 줄기를 둘러 라피아를 가려준다.

fini!

정면이 정해져 있지 않으므로, 어느 방향에서 보아도 아름답다

물속에서 아름답게 빛나는 꽃과 잎, 열매가 매력인 디자인. 꽃은 물을 머금어 화기 안에서도 싱그러워 보인다. 실제로 신부 부케로 사용할 경우 이 디자인은 사용하기 직전까지 물에 담가놓을 수 있기 때문에 꽃이 시드는 것을 걱정하지 않아도 된다. 신부에게 건넬 때는 물기를 꼼꼼히 닦아낸 후 건네도록 하자.

modele

자연의 일부를 그대로 옮겨
파니에에 재현하는 콩포지시옹

정원이나 들판의 일부분을 재현해 놓은 듯,
자연의 일부를 그대로 옮겨 놓은 바스켓 어레인지먼트

일본에서 배우고 가르쳤던 바스켓 어레인지먼트는 플로럴폼을 화기보다 약간 높게 세팅하고, 한 점을 향해 꽃을 꽂아 원형이나 삼각형을 만드는 것이었다. 하지만 파리의 유명 플라워숍에서 배운 콩포지시옹은 그와는 전혀 달리 일정한 형태를 만들기보다는 마치 대지 위에 들꽃이 피어 있는 듯한 자연스러운 디자인이었다. 그렇게 만들기 위해서는 플로럴폼의 세팅 방법이 중요하다. 꽃의 얼굴이 모두 보이지 않아도 상관없다. 꽃이 가려짐으로써 생기는 깊이감과 투명감을 고려하도록 하자.

재료

◎ 메인이 되는 재료
초콜릿코스모스: 10대

색상도 그렇지만, 이름대로 은은하게 초콜릿 향이 난다.

중국패모: 10대

유연한 자태가 매력적이다. 섬세한 줄기의 흐름을 잘 살려서 사용한다.

◎ 메인을 돋보이게 하는 재료
수국: 2대

플로럴폼을 가려주고 볼륨감을 더해주는 토대 역할을 한다.

◎ 전체가 조화를 이루게 하는 재료
고광나무: 10대

라인을 만들거나 플로럴폼을 가릴 때도 사용할 수 있는 편리한 소재.

◎ 화기가 되는 재료
파니에

프랑스에서 포도를 수확할 때 사용하는 손잡이가 달린 타원형 바스켓.

플로럴폼

투명 비닐을 깔고 플로럴폼을 세팅한다. 플로럴폼은 물에 넣은 후 누르지 말고 저절로 가라앉을 때까지 기다린다.

davant

정원이나 들판의 일부분을 축소해 그대로 재현하듯이 만든다.

[192쪽 참조]

콩포지시옹 만들기

1.

바구니에 투명 비닐을 깔고 플로럴폼을 넣은 후 위로 올라온 투명 비닐을 자른다.

2.

수국은 짧게 자른다. 플로럴폼에 꽂기 쉽도록 줄기를 사선으로 자른다.

3.

바구니의 오른쪽에 수국을 1대 꽂는다.

4.

나머지 수국 1대는 3보다 짧게 자른다. 바구니의 왼쪽에 꽂아 높낮이에 변화를 준다.

5.

고광나무는 오른쪽 수국 높이에 맞춰 잘라서 오른쪽 앞에 꽂는다.

6.

바구니를 돌려 왼쪽을 앞으로 놓는다. 왼쪽 수국 높이에 맞춘 고광나무를 꽂는다.

7.

왼쪽 뒤에 긴 고광나무를 수직으로 꽂는다. 높낮이를 달리해 강약을 조절한다.

8.

잘라낸 짧은 고광나무는 나중에 사용하므로 버리지 말고 남겨둔다.

9.

짧은 고광나무는 플로럴폼을 가려주듯이 바구니의 테두리 쪽에 꽂는다.

10.

다시 짧은 가지를 수국과 바구니 사이의 공간을 메워주듯이 꽂는다.

플로럴폼 세팅 방법

플로럴폼은 잘게 자르지 말고 최대한 큰 덩어리로 사용한다

모든 소재들이 땅에서 자란 것처럼 보이게 꽂으려면 플로럴폼을 화기의 테두리 높이에 맞추고, 가득 차도록 세팅하는 것이 중요하다. 특히 가장자리에 꽃을 꽂는 경우가 많으므로 화기 모양에 맞춰서 플로럴폼을 잘라 파니에와 플로럴폼 사이에 공간이 생기지 않도록 하는 것이 포인트이다.

côté

아름다운 곡선을 살려 바람에
살랑살랑 흔들리도록 만드는
것이 샹페트르 스타일.

11.

가지들을 옆으로 나란히 꽂지 말고 짧은 가지 옆에 긴 가지를 꽂아 높낮이를 다르게 한다.

12.

가지는 자르기 전에 꽂고 싶은 위치에 대어 필요한 높이를 재어본 다음 자른다.

13.

높이를 재어 자른 고광나무를 꽂는다.

14.

바구니의 테두리를 중심으로 고광나무를 모두 꽂은 모습.

15.

바구니의 가운데 부분은 수국 꽃을 살짝 벌려 긴 고광나무를 꽂는다.

16.

완성 후에는 손질하기 불편하므로 모양이 흐트러진 잎은 꽂을 때 모양을 잡아준다.

17.

전체적인 균형이 맞는지 보면서 남은 짧은 가지를 꽂는다.

18.

중국패모를 오른쪽 수국 안에 꽂는다. 가운데를 피해 약간 오른쪽 뒤에 꽂는다.

19.

꽃은 2대를 한 쌍으로 넣는 것이 기본이다. 18보다 짧게 자른 중국패모를 오른쪽 앞에 덧댄다.

20.

왼쪽의 수국 안에는 오른쪽보다 짧게 자른 중국패모를 꽂아준다.

21.

20의 앞에 중국패모를 1대 더 덧댄다. 20의 1/2 높이로 잘라 높낮이가 다르게 한다.

22.

가운데 앞쪽에 짧게 자른 중국패모를 꽂는다. 꽃은 정면이 아니라 살짝 옆을 향하게 한다.

23.

바구니를 반 바퀴 돌려 왼쪽 앞에 짧게 자른 중국패모를 2대 꽂는다.

24.

손잡이 왼쪽에 23보다 길게 자른 중국패모 2대를 꽂는다.

25.

초콜릿코스모스를 2대 한 쌍으로 꽂는다. 높낮이가 다르게 꽂도록 한다.

26.

줄기의 곡선이 바깥쪽으로 향하면 흩어져 보인다. 줄기는 안쪽으로 향하게 한다.

27.

오른쪽 앞에 짧게 자른 초콜릿코스모스를 꽂는다.

28.

27보다 길게 자른 초콜릿코스모스를 옆에 덧대듯이 꽂는다.

29.

바구니를 45도 돌려 바구니 옆 부분에 초콜릿코스모스를 꽂는다.

30.

29의 초콜릿코스모스보다 조금 낮은 위치에 두 번째 초콜릿코스모스를 꽂는다.

꽃을 꽂을 때 주의할 점

파니에의 모양에 맞춰 상자 정원을 만드는 느낌
옆으로 퍼지지 않도록 주의한다

플로럴폼과 투명 비닐은 파니에의 테두리보다 낮게 자를 것. 꽃은 위를 향해 뻗어 올라가듯이 꽂아 바깥쪽으로 젖혀지지 않게 한다. 테두리 주변을 가려주는 짧은 잎도 바깥쪽으로 기울이지 말고 수직으로 넣는다. 잎의 뒷면도 보이게 넣어주면 한층 더 자연스러운 느낌이 든다.

31.

바구니 왼쪽 옆 부분에 초콜릿코스모스를 꽂는다.

32.

가운데 앞쪽에 초콜릿코스모스를 꽂는다.

33.

바구니 오른쪽 옆 부분에 초콜릿코스모스를 꽂는다.

전체적으로 확인하고 완성하기

34.

남은 고광나무는 사진처럼 짧게 잘라 나눈다.

35.

잘라 나눈 고광나무를 비어 있는 부분에 꽂아 플로럴폼을 가린다.

어느 방향에서 보아도 아름답게 만들자
표정이 모두 다른 것이 매력이다

가운데가 높은 디자인은 흔하므로 의도적으로 가운데를 낮춰 바람이 스치며 지나갈 수 있도록 바깥쪽을 높여주는 것이 포인트. 파니에를 돌려가면서 사방형이라는 것을 고려하여 꽂아준다. 내추럴한 느낌이 들도록 꽃을 불규칙적으로 넣으면서도 전체적인 균형을 잡는 '변형 기법'을 이용한다.

fini!

modele

화기와 부케가 일체화된
콩포지시옹 스페셜

꽃이나 잎으로 장식한 화기에 부케와 화기를 일체화한 디자인
사람들의 이목을 집중시키는 디자인이다

일본에 거주하는 분들에게 파리에서 열리는 전시회나 개업 축하 선물로 '바스켓 어레인지'의 제작 의뢰를 자주 받는다. 이는 꽃을 선물하고 싶은데 상대방에게 화병이 없을지도 모르니 그대로 장식해 놓을 수 있는 '바구니에 꽂은 꽃을 선물하고 싶다'는 배려에서 비롯된 것이다. 그런데 프랑스에서는 플로럴폼에 꽂은 어레인지먼트는 애도를 표하는 꽃으로 이용되는 경우가 많다.

게다가 플로럴폼에 꽂는 것보다 부케를 화기에 직접 넣는 것이 꽃의 수명도 오래 유지되므로 화기 세트 부케를 추천한다. 호기에 꽃이나 잎 소재를 두른 디자인은 강렬한 인상을 주므로 선물을 받을 때 느끼는 놀라움과 기쁨도 배가된다. 파티나 테이블 장식에서도 빛을 발하며 화제의 주인공이 될 것이다.

재료

◎ 메인이 되는 재료
라넌큘러스: 20대

라넌큘러스의 잎은 모두 제거한다. 꽃봉오리도 있으면 사용한다.

◎ 메인을 돋보이게 하는 재료
스카비오사: 10대

스카비오사의 잎도 모두 제거한 후 사용한다.

◎ 전체가 조화를 이루게 하는 재료
목수국: 5대

목수국의 잎도 모두 제거하여 손질해 놓는다.

◎ 메인이 되는 재료
로즈제라늄: 10대

향기가 좋고 줄기가 튼튼하므로 다른 소재를 지지해주는 효과도 있다.

◎ 화기가 되는 재료
자엽꽃자두: 10대

'피자두나무'라고 부르기도 한다. 어두운 색감이 포인트 색이 된다.

야성 딸기: 10대

이 소재는 촬영 현장 앞에 있는 공터에서 발견한 것.

devant

플라스틱 소재라도 이렇게 장식한 화기를 사용하면 선물을 주는 사람이나 받는 사람 모두 부담 없고, 분명 화제의 주인공이 될 것이다.

◎ 기타 도구
유리화기

여기에서는 유리 소재의 사각형 화기를 사용했지만, 플라스틱 소재나 원통형을 사용해도 된다.

비닐테이프

프랑스의 꽃시장에서는 '소티바'라고 불린다. 신측성 있는 비닐 소재 테이프.

재료 선택 포인트

잎으로 장식할 화기는 반드시 일자형을 선택한다

사용하는 화기의 소재는 플라스틱, 도자기, 유리, 금속이라도 상관없다. 모양은 원통형, 사각형 등 어떤 것이라도 좋으나, 중요한 것은 '일자형'을 선택해야 한다는 점이다. 입구가 벌어진 화기는 잎이 미끄러져 떨어져버리고 만다.

재료 손질하기

1. 밑줄기를 자른다

로즈제라늄은 줄기의 아래쪽에서 줄기가 갈라져 나온 부분을 자른다.

2. 큰 가지를 자른다

마찬가지로 윗부분의 가지가 갈라진 부분을 자른다.

3. 가지 자르기가 끝난 상태

각각 다른 길이로 2~3개로 잘라 나눈다.

토대가 되는 화기 만들기

1.

화기 윗부분에 비닐테이프를 둘러 한 바퀴 감아준다. 이것이 기준선이 된다.

2.

자엽꽃자두를 세로 방향으로 얹어 유리 표면을 가린다. 잎은 아래위로 5cm쯤 나오게 한다.

3.

테이프로 잎을 고정한다. 잡아당기면서 1과 같은 위치에 붙이는 것이 포인트.

4.

그대로 테이프를 한 바퀴 돌려준다.

derrière

테이프를 가리는 소재로 자연스러운 멋이 있는 라피아를 사용한다. 꽃 색이나 주제에 맞는 리본을 사용해도 좋다. 소재나 색상을 바꿔 다양하게 즐겨보자.

5.

6.

7.

8.

3의 옆면에 야생 딸기를 얹는다. 유리가 완전히 가려지도록 잎으로 덮어준다.

테이프로 잎을 고정한다. 지나치게 잡아당겨 잎이 뭉개지지 않도록 주의한다.

그대로 테이프를 한 바퀴 돌려준다.

6의 옆면에 야생 딸기를 덮어 유리를 가린다.

9.

10.

11.

12.

테이프로 잎을 고정해 그대로 한 바퀴 돌려준다.

그다음 유리면에 자엽꽃자두를 얹어 유리를 덮어주고, 테이프로 고정한 후 테이프를 자른다.

라피아를 10가닥 정도 모아 화기에 둘러 테이프를 가린다.

자엽꽃자두의 잎을 앞면으로 하고 맞매듭을 묶는다. 호기의 모서리 부분에 묶으면 고정이 잘된다.

부케 만들 때 주의할 점

"어떻게 만드는 걸까?"
모두가 놀라워하는 디자인의 비밀

화기와 일체화되도록 부케는 둥근 볼 형태로 만들 것. 부케 론의 '불' 참조(69쪽). 화기를 장식한 것과 같은 소재를 부케에도 사용해 위아래가 연결되도록 만들어도 좋다.

부케 만들기

13.

여분의 라피아를 가지런히 잘라 마무리한다.

14.

화병 완성. 라피아는 나비 모양의 매듭보다 자연스러워 보이는 맞매듭이 좋다.

1.

목수국 가지 사이에 높낮이가 다르게 라넌큘러스를 2대 더 해준다.

2.

스카비오사 2대를 더한다. 꽃의 방향은 안쪽을 향하게 한다.

3.

로즈제라늄은 잎을 안쪽으로 향하게 하여 스카비오사를 받쳐주듯이 덧댄다.

4.

부케를 돌려 스카비오사 왼쪽에 라넌큘러스를 2대 더한다.

5.

부케를 돌려 스카비오사 앞에 잎을 안쪽으로 향하게 하여 로즈제라늄을 더한다.

6.

5의 로즈제라늄 앞에 높낮이가 다르게 스카비오사 2대를 더한다.

7.

부케를 돌려 6의 스카비오사 오른쪽에 라넌큘러스를 2대 더한다.

8.

스카비오사와 라넌큘러스 아래에 목수국을 넣어 줄기를 가려준다.

9.

부케를 돌려 6의 스카비오사 왼쪽에 라넌큘러스 2대를 더한다.

10.

9의 라넌큘러스 왼쪽 아래에 스카비오사 2대를 더한다.

11.

10의 앞에 로즈제라늄을 덧대어 꽃대를 가린다.

12.

부케를 돌려 라넌큘러스 앞에 목수국을 더한다.

13.

목수국 아래에 스카비오사 2대를 넣어 목수국의 꽃대를 밀어 올려준다.

14.

로즈제라늄은 가지가 갈라진 부분을 13의 스카비오사 사이에 끼워 넣듯이 더해준다.

15.

부케를 돌려 14의 왼쪽에 라넌큘러스, 목수국을 더한다.

16.

부케를 돌려 녹색이 부족한 부분에 로즈제라늄을 더해준다.

17.

색의 균형이 맞는지 확인해가며 아랫부분에 꽃을 더해 볼 형태를 만들어간다.

18.

줄기가 보이는 부분에는 목수국을 더해 줄기를 가린다.

19.

라피아로 묶어 줄기를 가지런히 자른 후 화기에 꽂아 완성한다.

기법만 익히면 조합 방식은 무궁무진, 계절이나 주제에 맞춰 연출해보자

요리 강습 테이블 장식이나 파티 회장에서도 빛을 발하는 디자인 동일한 기법을 이용해 입구나 단상에 대형 콩포지시옹을 만들 수도 있고, 작게 여러 개를 만들어 장식했다가 마지막에 손님에게 선물하는 것도 좋다. 편백이나 전나무를 사용하면 크리스마스에, 하얀 깃털을 사용하면 결혼식에도 안성맞춤이다.

fini!

A la maison d

불편함을 즐기

친구가 살던 파리 근교
원 한 편에는 강이 흐
사는 것 같다. 친구는 연
한 생활보다는 불편해
을 선택했다.

chapitre 4

'꽃 조합'과 '색채 조합' 알아두기

La vie en Fleur

1.

가장 중요한 '꽃 조합'과 '색채 조합'에 대해 배워보자

무슨 꽃을 사용했는지, 무슨 색을 조합했는지에 따라 같은 형태의 부케를 만들어도 분위기가 완전히 달라진다. 소재를 조합할 때의 중요한 포인트를 설명한다.

a.method

꽃 조합의 '기본'을 익히자

초보자도 쉽게 할 수 있는 꽃 고르는 법

우선 메인이 되는 꽃을 정한다. 장미나 작약처럼 둥근 형태의 꽃을 고르면 부케를 만들기 쉽다. 관심이 가는 꽃이 많아도 가장 마음이 끌리는 꽃으로 한정해야 한다는 것을 잊지 말자. 가능한 열 대, 예산 문제 때문에 어렵다면 여덟 대, 또는 여섯 대를 고른다. 이 책에서 소개하는 입체감 있는 샹페트르 부케는 두 대를 한 쌍으로 넣어 높낮이에 변화를 주므로 짝수로 준비하면 좋다.

그 다음은 보조 역할을 하는 꽃이다. 긴 형태의 꽃은 메인 꽃과 잘 어울린다. 그리고 중요한 것이 잎 소재다. 꽃을 돋보이게 하고 완충 역할도 해준다. 열매가 달린 것, 가지 소재도 좋다. 한 대에 가지가 여러 갈래인 것은 잘라 나누어 쓸 수 있다.

point 1. 메인 재료로 어떤 것을 선택하면 좋을까

둥근 형태를 만들기 쉽고, 볼륨이 있으며 줄기가 튼튼해서 다루기 쉬운 장미나 작약 등이 좋다.

point 2. 메인 꽃을 돋보이게 하는 재료로는 어떤 것을 선택해야 할까

샹페트르 분위기를 연출하기 위해서는 '곡선이 아름다운 것'이 필수이다. 숙근스위트피나 목수국, 팬지 등을 추천한다.

point 3. 전체가 조화를 이루게 하는 재료 =잎 소재를 잊지 말 것

꽃뿐만 아니라 그린 소재를 사용하는 것이 파리 스타일의 특징이라고 할 수 있다. 꽃을 돋보이게 하고 볼륨감을 살려주는 잎 소재도 잊지 말도록 하자.

point 4. 다른 종류를 더 더해준다면?

조나 스모크 그래스 등 그라미네를 더해주면 순식간에 샹페트르 스타일로 변신한다. 그라미네는 전체적인 균형을 잡아주는 역할도 한다.

b.method

샹페트르 스타일에 없어서는 안 되는
잎 소재, 가지 소재, 열매 소재의 역할

point ① 잎 소재의 역할에 대해서

파리 스타일의 부케에 빼놓을 수 없는 존재

파리의 플로리스트들이 재료를 구입하는 '헝지스 시장'에는 잎과 가지 소재만 전문으로 취급하는 업자들의 매장이 있다. 그만큼 파리 스타일의 부케에 빠질 수 없는 것이 잎, 가지, 열매 소재다. 꽃의 색상을 돋보이게 하고 완충 역할도 하며 부케의 볼륨감을 살려주거나 형태를 잡아줄 때도 유용하다. 스테모나 자포니카처럼 줄기 끝의 형태가 섬세하고 경쾌한 느낌을 주는 녹색, 또는 디아볼로나 안개나무처럼 검은빛이 도는 잎 소재를 고르면 부케가 훨씬 멋있어진다.

a.
자연의 분위기를 연출한다

샹페트르의 특징인 들판에 피어 있는 꽃을 꺾어온 듯한 인상을 주는 것이 아이비나 그라미네와 같은 자생 식물의 잎과 이삭 모양의 소재이다.

재료:
다알리아 2색
아이비
스모크 그래스

b.

생동감과 볼륨감을 살려준다

둥근 형태의 꽃만으로는 샹페트르 고유의 멋인 '야성미'를 연출하기 어려우므로 잎이나 가지를 사용해 길게 뻗어나가는 생동감과 볼륨감을 살려준다.

재료:
스카비오사
베로니카
나무딸기
니겔라 열매
당근꽃 열매

c.

모양을 잡아주고 꽃의 아름다움을 돋보이게 한다

그린 소재가 없으면 꽃과 꽃이 맞닿아 꽃잎에 상처가 나기도 하고 둥근 모양을 만들기도 어렵다. 꽃 사이에 잎 소재를 넣어줌으로써 모양을 잡기 쉽고, 녹색이 들어가 꽃의 색상이 한층 더 돋보인다.

재료:
다알리아 2색
백당나무 콤팍툼
안개나무

d.
색을 중화시킨다

채도가 높은 꽃을 조합했을 때 중화 작용을 하여 톤을 낮춰주는 것이 잎의 존재이다. 그린은 만능 소재이다. '브론즈 리프'라고 부르는 검은 빛이 도는 잎을 사용하면 굉장히 시크한 인상을 준다.

재료:
라넌큘러스
아네모네
스위트피
아이리시아이비

point ②
가지 소재, 열매 소재는 어떤 인상을 줄까

**수명이 긴 가지 소재를
과감하게 사용해 즐겨보자**

보통 부케에는 가지 소재를 별로 사용하지 않는 것 같다. 하지만 가지마다 제각기 형태가 달라 내추럴한 분위기를 자아내고, 크기가 커 보이게 하며, 줄기가 유연한 꽃을 지지해주므로 꼭 한번 사용해보았으면 한다.
백당나무 콤팍툼의 반들반들한 붉은 열매나 나무딸기는 "맛있어 보인다!", "귀여워!"라며 파리에서 진행하는 레슨에서도 인기가 많다. 또한, 수명이 길기 때문에 꽃이 진 후에도 가지나 열매만 장식해 놓고 즐길 수도 있다.

a.
계절감을 연출하기 좋다

매화나 벚꽃과 같은 봄철 꽃나무, 어린 잎이 싱그러운 빛깔을 지닌 공조팝나무나 고광나무, 설유화 단풍, 전나무나 편백 등 가지 소재는 계절이나 각종 행사와 밀접한 관계가 있다.

c.
개성을 살려준다

페루파리 비올라케아나 니겔라, 당근꽃 등의 열매는 색과 모양이 독특해 부케에 강렬한 인상을 더해준다.

b.
귀여운 매력을 더해준다

부케 안에서 달랑달랑 흔들리는 열매는 메인 꽃에도 뒤지지 않을 만큼 매력적이다. 보고 있으면 미소가 저절로 번진다.

d.
볼륨감을 만들어준다

곁가지가 있는 것을 고르면 한 대를 여러 개로 잘라 나눌 수 있어 부케의 볼륨감을 살려줄 때 효과적일 뿐 아니라 길게 사용해 크게 만들 수도 있다.

재료:
이브피아제 로즈
나무딸기
백당나무 콤팍툼

c.method

'색채 조합'은 어떻게 하면 좋을까

point 1

단색 조합

꽃 색상은 한 가지로 통일하고, 잎이나 열매 소재와 조합하는 방식이다. 불변의 기본 배색이라고도 할 수 있는 '흰색×녹색'이 대표적이다. 초보자도 부담 없이 시도해볼 수 있고, 누구나 아름답게 만들 수 있어 적극적으로 추천하는 조합이다. 단, 단조로워 보이지 않도록 생동감이 있는 잎 소재를 선택하도록 한다.

재료:
라넌큘러스
아네모네
공조팝나무
돈나무

재료:
튤립
스위트피
라일락
유칼립투스

point ②

동색 계열, 유사색의 조합

가령 진분홍색과 연분홍색을 조합해 그러데이션을 만드는 방식은 비교적 쉽게 시도해볼 수 있는 조합이다. 레슨에서는 '자홍색×암적색'의 조합을 추천한다.

재료:
아네모네
라넌큘러스
스위트피
목수국
아이리시아이비

point ③

보색, 비비드 컬러의 조합

'자홍색×주황색', '주황색×암적색' 등 개성이 강한 색이 서로 대비를 이루는 조합이다. 난이도는 높지만 매우 인상적인 부케가 될 것이다. 주황색은 채도가 높은 선명한 색감의 꽃을 고르는 것이 요령이다.

point ④

악센트를 넣는 조합

흰색 부케에 강렬한 암적색을 넣어주는 방식 등 강약을 넣어주듯이 구성한다. 강한 인상을 주며 시크한 분위기를 자아내므로 세련되고 감각 있는 사람들이 좋아하는 조합이다.

재료:
에레무루스
안개나무
호접란

2.
부케의 스타일별 배색 방법을 배워보자

부케의 형태와 특징을 파악했다면 다음은 색채 조합이다. 부케 레슨 참가자들이 만든 작품 중에서 디자인과 색상별로 선별했다.

a. Couleur et Style
부케 론의 배색 유형

싱그러운 흰색×녹색에 암적색으로 악센트를

부케 론: 흰색×암적색

재료
수국, 칼라, 당근꽃, 클레마티스 씨

은은하고 우아하며
시간이 흘러도 싫증이 나지 않는
색채 조합

부케 톤: 흰색×녹색

재료
수국, 스노우베리, 당근꽃, 나무딸기

청초한 분위기에
성숙한 매력을 더한 부케

부케 톤: 흰색×암적색

재료
라넌큘러스, 크리스마스로즈, 아이리시아이비

요염한 빛깔의 파피오페딜룸을 원 포인트로

부케 톤: 흰색×암적색

재료
칼라, 튤립, 오니소갈룸, 파피오페딜룸

화려하고 시크한
파리 스타일의
우아한 색채 조합

부케 론: 자홍색×암적색

재료
라넌큘러스, 스위트피, 라일락, 유칼립투스

싱그러운 그린 소재가 주연
심플하면서도 세련된 조합

부케 톤: 녹색×자홍색

재료
작약, 스카비오사, 나무딸기

짙은 색채 조합에
나무딸기의 사랑스러움을 더해

부케 톤: 연보라색×자홍색

재료
수국, 나무딸기, 반다 블루, 아이비

과감하고 화려한 배색은
브론즈 리프로 톤을 낮춘다

부케 톤: 자홍색×주황색

재료
다갈리아 2색, 백당나무 콤팍툼, 안개나무

신비로운 잎의 빛깔과
섬세한 율동감이 인상적

부케 샹페트르: 흰색×암적색

재료
아네모네, 목수국, 유칼립투스

b. Couleur et Style
부케 샹페트르의 배색 유형

상페트르 부케의
왕도라고도 할 수 있는
꽃 조합과 배색

부케 샹페트르: 흰색×녹색

재료
수국, 작약, 당근꽃, 층층나무

말로 표현할 수 없는
오묘한 빛깔에서
파리의 정취가 느껴진다

부케 샹페트르: 흰색×녹색

재료
수국, 당근꽃, 페루파리 비올라케아, 나무딸기

어둡고 긴 파리의 겨울에
봄빛을 전하는 눈부신
노란 빛깔

부케 샹페트르: 주황색×노란색

재료
양귀비, 미모사, 유칼립투스, 가지

가장 먼저 마음이 끌린 것은
콩의 빛깔과 질감
거기에 어울리는 꽃을 고른다

부케 샹페트르: 흰색×암적색

재료
백당수국, 양귀비, 안개나무, 나무딸기, 검정 강낭콩

동양적인 분위기를 지닌
코스모스도 잎사귀와
그라미네를 더해
파리 스타일로

부케 샹페트르: 자홍색×암적색

재료
코스모스, 조, 나무딸기

아티초크 가운데에 있는
보라색과 수국의
푸른색을 연결한다

부케 샹페트르: 파란색×흰색

재료
수국, 아티초크, 당근꽃, 베로니카, 나무딸기

동경하는 사람에게 보내고 싶은
고상하고 우아한 배색의 부케

부케 샹페트르: 희색×암적색

재료
라넌큘러스, 라일락, 프리틸라리아, 유칼립투스

사용한 꽃과 잎 소재는 단 한 종류뿐
색상도 한 가지 색 부케
순결함의 극치

부케 드 마리에: 흰색×녹색

재료
작약, 나무딸기

c. Couleur et Style
부케 드 마리에의 배색 유형

바라볼 때마다
'참 좋다'는 생각이 드는
마치 춤을 추는 듯한
흰색과 녹색의 부케 드 마리에

부케 드 마리에: 흰색×녹색

재료
라넌큘러스, 숙근스위트피, 목수국, 아이리시아이비

압도적인 존재감
이브피아제 로즈에는 잎사귀와
이삭 소재만으로도 충분하다

부케 드 마리에: 자홍색

재료
이브피아제 로즈, 가든 로즈, 목수국, 그라미네

베이비 핑크와 나무딸기가 로맨틱
젊은 여성에게
잘 어울릴 것 같다

부케 드 마리에: 분홍색

재료
가든 로즈, 백당나무 콤팩툼, 오디, 나무딸기

개성적인 배색
숙녀를 위한 부케

부케 드 마리에: 자홍색×보라색

재료
이브피아제 로즈, 숙근스위트피, 안개나무, 나무딸기

우아한 중년 여성에게
건네고 싶은
세련된 배색의 부케

부케 드 마리에: 연보라색

재료
왼쪽 위: 유카리스, 스위트피, 유칼립투스
오른쪽 위: 크리스마스로즈, 제비꽃, 라일락, 유칼립투스, 이끼 낀 가지
오른쪽 아래: 핑크피아제 로즈, 숙근스위트피, 안개나무

사랑스러운 분홍빛에
살짝 야성적인
매력을 더해

부케 드 마리에: 분홍색

재료
에덴 장미(피에르 드 롱사르), 숙근스위트피,
나무딸기, 안개나무

내추럴하고 고급스러운
살굿빛 부케
멋스러운 여성에게 잘 어울린다

부케 드 마리에: 베이지색

재료
다알리아, 그라미네, 나무딸기

앤티크풍 화기에 맞춰
앤티크 수국을

콩포지시옹: 흰색×파란색

재료
수국, 호접란

d. Couleur et Style
콩포지시옹의 배색 유형

흰색과 녹색으로
블랙 팬지의 강렬한 색채를
최대한 살려준다

콩포지시옹: 흰색×검은색

재료
고광나무, 블랙 팬지, 은방울꽃

양귀비 열매의 매력을 모노톤 분위기로 매혹적이게 연출한다

콩포지시옹: 흰색×검은색

재료
호접란, 양귀비 열매, 이끼 낀 가지, 디아볼로

자칭 '한 많은 플로리스트'인 내가
너무나도 좋아하는
짙은 색채 조합

콩포지시옹: 암적색×보라색

재료
수국, 반다, 칼라, 스위트피, 나무딸기

오묘한 그러데이션으로 색과 색을 이어주는 고도의 기법

콩포지시옹: 흰색×암적색

재료
수국, 히아신스, 프리틸라리아, 유칼립투스, 이끼 낀 가지

귀여운 분위기만이 아니라
가지 소재와 매치해
성숙미 있는 핑크로

콩포지시옹: 분홍색

재료
아네모네, 오니소갈룸, 목련, 그레빌레아

소녀 감성을 자극하는
달콤한 조합
멋진 파니에!

콩포지시옹: 자홍색×분홍색

재료
가든 로즈, 작약, 목수국

흰색에 무게감을 더해주는
짙은 갈색 리본이
스타일의 포인트

콩포지시옹 스페셜: 흰색×녹색

재료
은방울꽃, 그라미네, 깃털

e. Couleur et Style
콩포지시옹 스페셜의 배색 유형

청초함과 요염함
두 가지 매력을 겸비한
여성스러운 자태

콩포지시옹 스페셜: 흰색×암적색

재료
유카리스, 튤립, 목수국, 깃털

더할 나위 없이 사랑스러운
장미와 나무딸기와
핑크빛 그러데이션

콩포지시옹 스페셜: 자홍색

재료
이브피아제 로즈, 스위트피, 나무딸기,
백당나무 콤팩툼, 갤럭스

섬세한 형태를 부각시키는
야성적이고 관능적인 핑크

콩포지시옹 스페셜: 자홍색

재료
숙근스위트피, 보리자나무, 단풍나무

'맛있게 생겼다'는 말이
절로 나올 것만 같은
신선함을 가득 머금은 모습

콩포지시옹 스페셜: 베이지색×주황색

재료
다알리아, 나무딸기, 백당나무 콤팩툼, 아이비

개성이 있는 소재들을 모아
극도의 어두운 색조를 추구한
부케 누아르(검은 부케)

콩포지시옹 스페셜: 자홍색×암적색

재료
양귀비, 아티초크, 안개나무, 검정 강낭콩

3.

다양한 색상의 부케를 만들어보자

파리 스타일의 부케가 인기 있는 것은 세련된 배색과 꽃 선택에 매료되는 사람이 많기 때문이다. 파리의 유명 꽃집에서 배운 비법을 공개한다.

Le secret de bouquet raffiné

파리의 부케가 멋있는 이유는 무엇일까? 색채 조합에 그 비밀이 있다

'파리의 꽃집에서는 대부분 꽃이 열 대 묶음 한 단 단위로 판매되고, 그래서 파리 스타일의 부케는 다양한 종류의 꽃이 섞이지 않는다'고 앞에서 설명했다.
색도 마찬가지로, 꽃을 열 대 단위로 넣기 때문에 하나의 부케에 여러 가지 색상이 혼합되는 경우는 거의 없다고 해도 좋을 것이다. 특히 내가 꽃을 배운 플라워 아티스트들의 플라워숍에서는 많이 섞어도 세 가지 색상까지이다. 기본적으로 두 가지 색을 사용하며 단색 부케가 대표 상품이 될 정도였다. 색상 수가 적으면 허전해 보인다? 마음에 들어 하지 않는다? 그런 걱정은 할 필요가 없다.

a.method

어떤 생각으로 만들면 멋있는 부케를 만들 수 있을까?

지금으로부터 20여 년 전 일본에서 플라워 레슨을 했을 당시 '흰색×녹색'의 꽃으로 어레인지먼트를 만들면 중년 수강생들은 "선생님, 오늘은 꽃이 좀 허전하네요."라고 했다. 그 당시에도 파리의 꽃을 동경했던 나는 "이게 멋이에요."라며 단호하게 대답했다. 상대방의 취향을 따르거나 우선시했다면 어중간한 스타일이 되거나 내키지도 않는 꽃을 선택했을 것이다. 하지만 이는 레슨이기에 가능한 일이고, 플라워숍의 경우는 좀 더 유연한 자세도 필요하다. 그렇지만 역시, 만드는 사람이 진정으로 아름답다고 생각하는 것을 표현하고 그 매력을 전해나가는 일도 중요하다고 생각한다.

b.method

아름다운 색채가 보는 이의 마음을 치유한다 그 점을 반드시 기억하자

유명한 플라워 아티스트에게 연수를 받고 '파리 리츠 호텔'의 꽃장식을 담당할 기회를 얻게 되면서 파리의 꽃 업계에 몸담은 지 14년이 되었다. 그동안 수많은 아름다운 것들을 보아왔다. 그 경험을 살려 현재 흰색×녹색, 자홍색×암적색, 주황색×암적색, 자홍색× 주황색, 흰색×암적색 이 다섯 가지 배색 유형을 기본으로 한 플라워 레슨을 하고 있다. '색상 수가 적어도 마음을 움직이는 부케를 만들 수 있다'는 신념을 가지고 있다. 이제 그 부케들을 구체적으로 살펴보도록 하자.

Bouquet Rond : Blanc et Vert

부케 론 '흰색×녹색' 만드는 법

재료

◎ 메인이 되는 재료
목수국: 5대

평소에는 명조연으로 활약하는 꽃을 주인공으로 기용했다.

◎ 메인을 돋보이게 하는 재료
숙근스위트피: 10대

꽃 못지않은 섬세한 봉오리와 덩굴이 매력적이다.

재료 손질하기

1.

숙근스위트피는 가지가 갈라진 부분에서 잘라 나눈다.

2.

잘린 부분이 눈에 띄지 않도록 가지가 나온 부분에서 바짝 자른다.

3.

가늘고 짧은 줄기도 잘라내 모두 사용한다.

4.

덩굴손이 자란 줄기는 부케에 개성을 더해준다.

이 색채 조합에 대해서

**상쾌해지고 마음이 치유되는 흰색과 녹색은
인테리어 부케로도 제격이다**

짙은 색 꽃을 좋아하는 편이지만, 집에 장식해 놓으면 '역시 이게 제일 좋다'고 실감하는 것이 '흰색×녹색'의 조합이다. 어떤 스타일의 인테리어에도 영향을 주지 않아 취향이 뚜렷한 사람에게도 마음 놓고 선물할 수 있으므로 선물용 상담을 받으면 이 색채 조합을 추천해준다.

부케 만들기

1.

곁가지가 있고 가지가 예쁘게 뻗은 목수국을 고른다.

2.

가지가 갈라진 목수국에 커다란 숙근스위트피를 대준다. 줄기는 옆으로 향하게 한다.

3.

부케를 돌려 목수국을 정면에 놓고 가지가 갈라진 부분에 스위트피를 낮게 넣는다.

4.

부케를 돌려 3의 왼쪽에 숙근스위트피를 높게 넣어 줄기의 곡선을 살려준다.

5.

4의 왼쪽에 숙근스위트피를 넣는다. 높이는 목수국에 맞춘다.

6.

부케를 돌려 슥근스위트피 앞에 목수국을 낮게 더해준다

7.

숙근스위트피를 아래쪽에서 넣어 처지는 목수국의 꽃을 받쳐 올려준다.

8.

부케를 반 바퀴 돌려 옆으로 나란히 있는 목수국 사이에 숙근스위트피를 넣는다.

9.

부케를 반 바퀴 돌려 숙근스위트피 줄기를 더한다. 줄기와 덩굴손이 생동감을 더해준다.

10.

9의 앞에 숙근스위트피를 낮게 더해준다.

11.

10의 왼쪽에 숙근스위트피를 높게 넣어준다. 높낮이가 달라지면서 강약의 변화가 생긴다.

12.

흰색이 강해 보이므로 숙근스위트피 앞에 목수국을 더해준다.

13.

목수국 왼쪽에 숙근스위트피를 높게 더한다.

14.

부케를 돌려 녹색이 많은 부분에 숙근스위트피, 왼쪽에 목수국을 넣는다.

15.

줄기가 보이는 낮은 위치에도 스위트피와 목수국을 번갈아가며 넣어 줄기를 가린다.

16.

위에서 균형이 맞는지 확인한다. 왼쪽 아래에 녹색이 부족한 것을 알 수 있다.

17.

녹색이 부족한 부분에 목수국을 낮게 더한다.

18.

17의 목수국 앞에 숙근스위트피를 넣는다.

19.

목수국 아래에 꽃이 핀 숙근스위트피를 넣어 목수국을 밀어 올린다.

20.

19의 앞에 스위트피 줄기를 넣는다. 둥근 것과 선이 가는 것을 나란히 배치해 강약을 조절한다.

21.

20의 오른쪽에 꽃이 핀 숙근스위트피를 넣는다. 꽃은 옆으로 향하게 한다.

22.

부케를 돌려 볼륨이 없는 낮은 위치에 목수국을 더해 둥글게 만든다.

23.

22의 목수국 왼쪽에 숙근스위트피를 높게 더해준다.

24.

부케를 돌려 아랫부분에 숙근스위트피와 목수국을 더해 나간다.

25.

목수국 앞에 숙근스위트피를 더해 처지기 쉬운 꽃대를 고정해준다.

26.

꽃대가 굽어 생동감이 있는 것은 형태가 돋보이도록 높은 위치에 넣는다.

27.

전체적인 균형이 맞는지 보면서 남은 숙근스위트피를 넣어간다.

전체적으로 확인하고 완성하기

28.

위에서 전체적인 균형을 확인한다. 라피아로 묶은 후 줄기를 가지런히 자른다.

완성한 부케

색은 한 가지 색상, 사용한 소재는 두 종류 심플 부케의 극치

fini!

다른 소재를 사용할 때 꽃 조합의 예

튤립 × 아이비 / 아네모네 × 목수국 / 라넌큘러스 × 목수국
공조팝나무 × 병아리꽃나무 / 작약 × 숙근스위트피 / 수국 × 당근꽃
다알리아 × 당근꽃 / 코스모스 × 조 / 호접란 × 아디안툼 등.

Bouquet Rond : Fuchsia et Bordeaux

부케 론 '자홍색×암적색' 만드는 법

재료

◎ 메인이 되는 재료
장미: 10대

'메인이 되는 꽃'은 10대를 사용하는 것이 기본.

◎ 메인을 돋보이게 하는 재료
스위트피: 15대

주연으로도 조연으로도 사용할 수 있는 소재.

스카비오사: 10대

품질이 좋은 일본산은 파리에서도 호평을 받고 있다.

◎ 전체가 조화를 이루게 하는 재료
유칼립투스: 10대

겨울과 봄에 구하기 쉬운 잎 소재.

이 색채 조합에 대해서

**짙은 색에는 짙은 색을 매치한다
채도가 낮은 녹색이 연결 색**

파스텔 컬러를 선호하는 사람이 많은 것 같은데, 어른들의 문화가 발달한 파리에서는 귀여운 스타일뿐만 아니라 놀라우리만큼 어두운 색상도 선호한다. 실내 분위기를 차분하게 만들어주는 시크한 부케이다.

부케 만들기

1.

첫 번째 장미를 잡고, 두 번째는 꽃 한 송이 높이만큼 올려 비스듬히 덧댄다.

2.

장미 사이에 스위트피를 2대 넣는다. 높은 장미에 맞추고, 꽃은 안쪽으로 향하게 한다.

3.

스위트피 앞에 유칼립투스를 비스듬히 덧댄다.

4.

유칼립투스 앞에 장미를 더한다. 1의 낮은 장미에 맞춘다.

5.

꽃은 2대를 한 쌍으로 넣는 것이 기본. 4의 장미 왼쪽 아래에 장미 1대를 더해준다.

6.

5의 왼쪽에 스위트피 2대를 높낮이가 다르게 비스듬히 덧댄다. 꽃은 안쪽으로 향하게 한다.

7.

스위트피 앞에 유칼립투스를 더한다. 가지의 곡선은 안쪽으로 향하게 한다.

8.

부케를 반 바퀴 돌려 장미 2대 사이에 꽃을 안쪽으로 향하게 하여 스카비오사를 더한다.

9.

스카비오사 앞에 유칼립투스를 비스듬히 덧댄다.

10.

9의 앞에 스위트피 2대를 의 아래에 더한다. 꽃잎을 장미 위로 올라오게 해 화려하게 연출한다.

11.

스위트피 아래에 장미를 더해주고, 그 왼쪽 위에도 장미 1대를 더 더해준다.

12.

11의 장미 2대 사이에 스카비오사를 넣는다. 꽃은 옆으로 향하게 한다.

13.

12의 앞에 유칼립투스를 비스듬히 덧댄다.

14.

스위트피를 높게 넣는다. 줄기를 스카비오사의 꽃 안으로 넣어주면 된다.

15.

부케를 돌려가며 점차 낮은 위치에 꽃과 잎 소재를 더해 나간다.

16.

스카비오사를 더한다. 손잡이 부분에 가까워지면 꽃을 옆으로 기울여 더해준다.

17.

스카비오사 아래에 높낮이가 다르게 스위트피를 2대 넣어 준다.

18.

스위트피 앞에 유칼립투스를 비스듬히 덧댄다.

19.

유칼립투스 앞에 높낮이가 다르게 스위트피를 2대 더한다.

20.

스위트피 아래에 장미를 더해 줄기를 가려준다.

21.

20의 장미 왼쪽에 스위트피를 2대 더한다.

22.

부케를 돌려 스위트피의 줄기가 보이는 부분에 유칼립투스를 더해 줄기를 가린다.

23.

다시 부케를 돌려 줄기가 보이는 부분에 유칼립투스를 낮게 더해 줄기를 가린다.

24.

유칼립투스 왼쪽에 높낮이를 다르게 하여 스위트피를 2대 넣는다.

25.

부케를 돌려 장미 앞에 스위트피를 더한다. 꽃은 장미보다 위로 올라오게 한다.

26.

25의 스위트피 아래에 유칼립투스를 낮게 넣어 스위트피의 줄기를 가린다.

전체적으로 확인하고 완성하기

27.

위에서 전체적인 균형을 확인한다. 아랫부분이 비어 보인다.

28.

비어 있는 부분에 스위트피를 높게 더해 모양을 잡아준다.

29.

꽃대가 처지기 쉬운 스카비오사 아래에 유칼립투스를 넣어 꽃대를 밀어 올린다.

30.

손잡이 부분에 가까운 낮은 위치에 꽃을 더해나간다.

31.

30에서 더해준 스위트피 아래에 유칼립투스를 넣어 줄기를 가린다.

32.

부케를 돌려 낮은 위치에 스카비오사를 넣고, 그 아래에 유칼립투스를 더한다.

33.

32의 왼쪽에 짧은 유칼립투스를 낮게 넣어 가지를 가린다. 전체적으로 모양이 잡히면 완성이다.

완성한 부케

요염하고 시크한 분위기
파리의 중년 여성에게
어울리는 어른스러운 색감

다른 소재를 사용할 때 꽃 조합의 예

아네모네 × 라넌큘러스 / 스위트피 × 라넌큘러스 / 이브피아제 로즈(자홍색 장미) × 초콜릿모스코스
이브피아제 로즈 × 파피오페딜룸(난초) / 이브피아제 로즈 × 칼라 / 다알리아 2색 / 호접란 × 칼라 등.

169

Bouquet Champêtre : Bleu et Blanc

부케 샹페트르 '파란색×흰색' 만드는 법 [24~25쪽 참조]

재료

◎ 메인이 되는 재료
델피니움: 10대

라인 플라워는 부케 샹페트르에 적합한
소재이다.

◎ 메인을 돋보이게 하는 재료
공조팝나무: 10대

라인을 강조하고 볼륨감도 더해준다.

◎ 전체가 조화를 이루게 하는 재료
목수국: 5대

라인플라워 사이의 공간을 채워준다.

이 색채 조합에 대해서

**하늘과 바다, 바캉스를 연상시키는
여름 색**

파란색 절화는 주로 여름에 유통되고, 프랑스의 휴가철과 겹치기도 해서 사실 내 레슨에서는 거의 사용되지 않는다. 하지만 델피니움의 하늘거리는 꽃은 샹페트르 부케에 제격이다. 프랑스 사람들이 무척 좋아하는 여름휴가지의 하늘과 바다의 빛깔을 상상하며 만들었다.

재료 손질하기

1.

델피니움을 잘라서 나눈다.

2.

줄기가 갈라진 부분을 손으로 벌리면 저절로 꺾인다.

3.

나머지 부분도 같은 방법으로 꺾어서 나눈다.

4.

줄기 아랫부분에 있는 잎을 떼어낸다.

5.

줄기가 갈라진 부분에 있는 잎도 제거한다.

부케 만들기

1.

커다란 공조팝나무를 골라 줄기가 갈라진 부분에 큼지막한 델피니움을 더해준다.

2.

1의 델피니움 앞에 델피니움 1대를 더 덧댄다.

3.

짧은 목수국을 공조팝나무 오른쪽에 넣는다. 꽃을 바깥쪽으로 향하게 하면 산만해 보인다.

4.
꽃을 안쪽으로 향하도록 넣으면 일체감이 생긴다.

5.

목수국은 다른 꽃보다 낮게 넣는다.

6.

부케를 반 바퀴 돌려 델피니움을 더한다.

7.
6의 델피니움 왼쪽에 목수국을 높게 넣는다.

8.

부케를 돌려가며 빈 공간을 메워주듯 소재를 더해준다.

9.

낮은 것 다음에 높은 것을 넣기를 반복하면 입체감이 생긴다.

10.

가지의 방향을 바깥쪽으로 향하게 하면 전체적으로 일체감이 없고 산만해 보인다.

11.

가지는 안쪽이나 옆으로 향하게 하면 부케 모양에 일체감이 생긴다.

12.

계속 높낮이가 다르게 소재를 더해나간다.

13.

위에서 전체적인 균형이 맞는지 확인한다.

14.

볼륨이 부족한 부분에 공조팝나무를 더해 모양을 잡아준다.

15.

부케를 돌려 높낮이가 다르게 소재를 더해나간다.

전체적으로 확인하고 완성하기

16.

다시 위에서 균형이 맞는지 확인한다. 왼쪽에 목수국이 부족해 보인다.

17.

목수국을 높게 넣고, 그 아래에 델피니움을 더해준다.

18.

17의 아래쪽에 생긴 공간에 짧은 델피니움이나 공조팝나무를 더해 줄기를 가린다.

19.

부케를 돌려 줄기가 보이는 부분은 꽃을 더해 줄기를 가린다.

20.

낮은 위치에 공조팝나무를 더한다. 그러면 장식했을 때 화병의 테두리 부분도 예뻐 보인다.

다른 소재를 사용할 때 꽃 조합의 예

루피너스 × 작약 / 수국 × 숙근스위트피(서머 스위트피) / 델피니움 × 당근꽃
델피니움 × 스카비오사 / 히아신스 × 크리스마스로즈 / 블루 반다(난초) × 시계초 등.

21.

마지막에 더해준 목수국의 가지가 그대로 보이는 상태.

22.

델피니움을 낮게 넣어 가려서 자연스러운 분위기를 살려준다.

23.

전체적인 모양이 잡히면 완성이다.

24.

라피아로 묶은 후 줄기를 가지런히 자른다.

완성한 부케

바캉스를 연상시키는 청량한 초여름의 블루

Bouquet Champêtre : Orange et Bordeaux

부케 샹페트르 '주황색×암적색' 만드는 법 [187쪽 참조]

재료

◎ 메인이 되는 재료
다알리아(주황색): 5대

가급적 선명한 주황색을 고른다.

다알리아(암적색): 5대

'코쿠초Kokutyou'라는 품종이 인기 있다.

◎ 메인을 돋보이게 하는 재료
자엽꽃자두: 5대

브론즈 리프가 아닌 녹색 잎을 사용하면 분위기가 달라진다.

◎ 생동감을 연출하기 위한 재료
스테모나 자포니카: 10대

색상과 줄기 끝의 형태가 아름다워 추천하는 소재이다.

이 색채 조합에 대해서

브론즈 리프를 매치하면 풍성하고 우아해진다
잎 소재의 색상으로 분위기가 달라진다

이 조합은 파리의 유명 플라워숍에서 배운 색채 조합으로, 내가 일본에서 플라워 어레인지먼트 레슨을 하던 당시에는 상상조차 할 수 없었던 배색이다. 분홍색 계열의 부케를 들고 다니는 것을 쑥스러워하는 남성에게도 좋다. 또한, 남성에게 선물하는 꽃으로도 잘 어울리는 색상이라고 생각한다.

부케 만들기

1.

가지가 예쁘게 뻗은 자엽꽃자두를 1대 고른다.

2.

주황색 다알리아를 비스듬히 덧대고, 다시 1대를 조금 낮게 더한다. 꽃은 옆으로 향하게 한다.

3.

다알리아 왼쪽에 자엽꽃자두를 더한다. 높이는 다른 가지에 맞춘다.

4.

부케를 돌려 3의 자엽꽃자두 왼쪽에 암적색 다알리아를 2대 더해준다.

5.

4의 왼쪽에 스테모나 자포니카의 줄기를 높게 넣어서 송이가 큰 꽃과의 대비를 강조한다.

6.

부케를 반 바퀴 돌려 암적색 다알리아 앞에 자엽꽃자두를 더한다.

7.

6의 앞에 주황색 다알리아 2대 더한다. 높낮이가 다르게, 꽃은 안쪽으로 향하게 한다.

8.

부케를 돌려 7의 앞에 스테모나 자포니카를 높게 더한다.

9.

스테모나 자포니카 앞에 암적색 다알리아 2대를 낮게 더해준다.

10.

9의 앞에 자엽꽃나무를 낮게 넣어 암적색 다알리아의 줄기를 가린다.

11.

자엽꽃자두와 암적색 다알리아 사이에 스테모나 자포니카를 넣는다.

12.

부케를 돌려 9의 왼쪽에 자엽꽃자두를 넣는다. 주황색 다알리아와 높이를 맞춘다.

13.

부케를 돌려 주황색 다알리아 아래에 자엽꽃자두를 낮게 넣어 줄기를 가린다.

14.

암적색 다알리아 아래에도 자엽꽃자두를 넣어 아랫부분에 볼륨감을 더해나간다.

15.

부케를 돌려 주황색 다알리아 아래에 암적색 다알리아를 더한다. 꽃은 안쪽으로 향하게 한다.

16.

15의 아래에 자엽꽃자두를 더하고, 부케를 돌려 전체적인 균형을 확인한다.

17.

다알리아의 줄기가 그대로 보이는 상태.

18.

자엽꽃자두를 더해 줄기를 가린다.

19.
전체적으로 확인하고 완성하기

위에서 전체적인 균형을 확인한다. 아랫부분에 자엽꽃자두가 부족한 상태.

20.

자엽꽃자두를 높게 넣어 볼륨감을 더해준다.

21.

긴 스테모나 자포니카를 넣는다. 밝은 잎의 색상과 줄기로 부케에 생동감을 더해준다.

22.

전체적으로 스테모나 자포니카를 배치해 완성한다.

완성한 부케

짙고 깊은 색채는 가을 정취를 물씬 풍긴다

다른 소재를 사용할 때 꽃 조합의 예

라넌큘러스 2색 / 스위트피 × 라넌큘러스 / 양귀비 × 라넌큘러스 / 다알리아 2색 다알리아 × 스카비오사 / 다알리아 × 안개나무 잎 / 칼라 × 파피오페딜룸 장미 × 초콜릿코스모스 등.

Bouquet de Marié : Blanc et Bordeaux

부케 드 마리에 '흰색×암적색' 만드는 법 [27쪽, 207쪽 참조]

재료

◎ 메인이 되는 재료
라넌큘러스: 10대

사진은 9대이지만 평상시에는 10대를 사용한다.

◎ 메인을 돋보이게 하는 재료
라일락: 10대

프랑스에 봄을 알리는 꽃. 잎은 제거한다.

◎ 강약의 변화를 주기 위한 재료
목수국: 10대

짧은 부분도 사용하므로 효율적으로 잘라 나누도록 한다.

◎ 전체가 조화를 이루게 하는 재료
숙근스위트피: 5대

가지가 갈라져 나온 부분에서 잘라 여러 대로 나눈다.

◎ 고정하기 위한 재료
러브체인: 소량

마무리 단계에서 다랫부분을 고정하기 위해 둘러 감는 끈 역할로 사용한다.

이 색채 조합에 대해서

진홍색 파피오페딜룸(난초)을 포인트로 사용해도 멋있다

개인적으로 짙은 색 꽃을 좋아한다. 싱그러운 '흰색×녹색'에 살짝 '독'을 탄 것이 이 배색이다. 라넌큘러스는 조금 더 검은색에 가까운 것이 좋다. 흰색 라넌큘러스와 짙은 색 라일락을 사용해도 멋있다. '흰색×녹색'의 배색에 암적색을 더해주면 훨씬 더 개성적으로 변한다. 자연스럽게 흔들리는 부케는 가든파티에도 잘 어울린다.

재료 손질하기

1.

숙근스위트피는 가지가 갈라진 부분에서 자른다.

2.

꽃과 잎이 있는 곁가지를 자른다.

3.

꽃만 있는 줄기도 있으면 유용하다.

4.

꽃이 없는 줄기도 만들어 놓는다.

5.

손질이 끝난 상태.

부케 만들기

1.

라일락의 가지가 갈라진 부분에 높낮이가 다르게 라넌큘러스를 넣는다.

2.

라넌큘러스 앞에 숙근스위트피의 줄기를 비스듬히 덧댄다.

3.

숙근스위트피 앞에 목수국을 덧댄다.

4.

목수국 왼쪽 아래에 숙근스위트피를 넣어 목수국의 꽃을 밀어 올린다.

5.

부케를 반 바퀴 돌려 라일락 앞에 높낮이가 다르게 라넌큘러스 2대를 더한다.

6.

라넌큘러스 오른쪽에 곁가지가 있는 목수국과 라일락을 더한다.

7.

6의 앞에 목수국, 높낮이가 다른 라넌큘러스 2대를 더해 준다.

8.

라넌큘러스 아래에 라일락을 넣는다.

9.

라일락 오른쪽에 숙근스위트피를 더한다.

10.

라넌큘러스 꽃에 스위트피의 덩굴손을 얹어 색상 대비를 강조한다.

11.

숙근스위트피의 꽃대를 목수국의 꽃송이 안으로 넣는다.

12.

숙근스위트피의 줄기를 세워 아래로 처지는 목수국의 꽃을 받쳐 올려준다.

13.

바인딩 포인트에 가까운 위치까지 소재를 넣어 둥근 모양을 만든다.

14.

전체적으로 확인하고 완성하기

위에서 전체적인 균형을 확인한다.

15.

비어 보이는 부분에 목수국을 더해 완성한다. 라피아로 묶은 후 줄기를 자른다.

16.

손잡이 부분을 만든다. 숙근 스위트피는 줄기 끝을 아래로 향하게 하여 손잡이를 덮어준다.

17.

목수국도 넣어 볼륨감을 더해준다. 길이를 다르게 하여 자연스러운 분위기를 연출한다.

18.

라일락을 더해주고 라피아로 묶는다. 러브체인을 둘러 완성한다.

완성한 부케

단지 귀여운 느낌만이 아닌 파리지앵을 닮은 우아함

다른 소재를 사용할 때 꽃 조합의 예

라넌큘러스 × 프리틸라리아 / 히아신스 × 크리스마스로즈
아네모네 × 라넌큘러스 / 수국 × 파피오페딜룸
작약 × 초콜릿코스모스 / 유카리스 × 칼라
베로니카 × 스카비오사 / 당근꽃 × 다알리아 등.

Bouquet de Marié : Fuchsia et Orange

부케 드 마리에 '자홍색×주황색' 만드는 법 [198~199쪽 참조]

재료

◎ 메인이 되는 재료
칼라: 5대

선명한 주황색을 고를 것.

◎ 메인을 돋보이게 하는 재료
장미: 10대

발색이 좋은 이브피아제 로즈를 사용한다.

◎ 전체가 조화를 이루게 하는 재료
자엽꽃자두: 5대

브라운 리프를 사용하면 단번에 시크한 분위기가 된다.

◎ 개성을 살려주기 위한 재료
고비: 20대

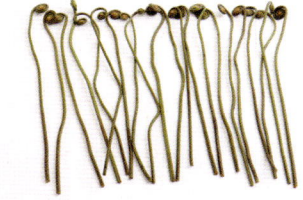

독특한 형태가 시선을 사로잡는다.

◎ 생동감을 더해주는 재료
러브체인: 소량

꽃뿐 아니라 그린 소재에도 관심을 가져 보자.

이 색채 조합에 대해서

성숙미 있는 신부에게 추천하는 깊은 색조의 부케 드 마리에

프랑스 출신 디자이너 크리스티앙 라크루아Christian Lacroix와 이브 생로랑Yves Saint Laurent이 즐겨 사용한 배색. 파리다운 화려함이 물씬 풍기는 배색이다. 역시 화려하면서도 품위를 잃지 않는다. 자홍색에 묻히지 않는 선명한 주황색을 선택하는 것이 포인트이다. 색상 대비가 지나치게 두드러질 때는 브론즈 리프나 암적색 꽃으로 조화를 이루게 한다.

재료 손질하기

1.

큰 가지 한 대를 가지가 갈라진 부분에서 잘라 나눈다.

2.

다시 가지가 갈라진 부분에서 작게 잘라 나눈다.

3.

잘라낸 작은 가지도 사용하므로 버리지 않도록 한다.

4.

곁가지를 잘라낸다.

5.

부케를 잡기 쉬운 길이(20cm 정도)로 자른다.

부케 만들기

1.

가지가 예쁘게 뻗은 자엽꽃자두의 가지가 갈라진 부분에 높낮이를 다르게 하여 장미를 넣는다.

2.

위아래 2대의 장미 사이에 꽃을 옆으로 향하게 하여 칼라를 비스듬히 덧댄다.

3.

부케를 반 바퀴 돌려 고비를 비스듬히 덧댄다. 줄기 끝의 말린 부분이 장미 위로 올라오게 한다.

4.

부케를 돌려 고비 왼쪽에 높낮이가 다르게 장미를 2대 넣는다.

5.

장미 오른쪽에 자엽꽃자두를 비스듬히 덧댄다.

6.

부케를 반 바퀴 돌려 꽃을 옆으로 향하게 하여 칼라를 비스듬히 덧댄다.

7.

칼라 앞에 자엽꽃자두를 높게 넣는다.

8.

칼라 오른쪽에 고비를 더한다. 줄기 끝은 꽃 위로 올라오게 하되 3보다 약간 낮게 넣는다.

9.

고비 앞에 높낮이가 다르게 장미를 2대 넣는다.

10.

장미 왼쪽에 고비를 더한다. 말린 부분의 높이와 방향에 변화를 주어 생동감을 연출한다.

11.

10의 고비 앞에 자엽꽃자두를 낮게 넣는다.

12.

부케를 돌려 11의 왼쪽에 칼라를 더한다. 높이는 자엽꽃자두에 맞춰 낮게 넣는다.

13.

칼라 왼쪽에 고비를 넣는다.

14.

장미 2대를 13의 앞에 낮게 넣고, 계속 부케를 돌려가며 소재를 더해준다.

15.

칼라를 넣은 모습. 소재는 점차 낮은 위치에 넣어가도록 한다.

16.

부케를 돌려 15의 칼라 왼쪽에 자엽꽃자두를 더한다.

17.

16의 자엽꽃자두 앞에 고비를 낮게 넣는다. 줄기를 기울여 말린 부분을 바깥쪽으로 향하게 한다.

18.

부케를 돌려 아랫부분에 소재를 넣어간다. 장미 앞에 고비를 비스듬히 덧댄다.

19.

18의 고비 오른쪽 아래에 장미를 더한다.

20.

고비 아래쪽의 빈 부분에 장미를 1대 더 더해준다.

21.

20에서 더해준 장미 왼쪽 윗부분이 비어 보인다.

비어 있는 부분에 자엽꽃자두를 넣어 볼륨감을 더해준다.

부케를 돌려 22의 왼쪽에 고비를 비스듬히 덧댄다.

23의 고비 왼쪽에 다시 고비를 더해준다. 높게 넣어 생동감을 살려준다.

25.

고비 앞에 자엽꽃자두를 더해 고비의 줄기를 가린다.

26.

부케를 돌려 고비의 줄기가 보이는 부분에 자엽꽃자두를 더해준다.

27.

바인딩 포인트에 가까운 낮은 위치에 칼라를 더해준다.

28.

칼라 왼쪽에 자엽꽃자두를 더한다.

29.

부케를 돌려 짧은 자엽꽃자두를 바인딩 포인트에 가까운 낮은 위치에 더해준다.

30.

자엽꽃자두를 모두 넣은 모습. 바인딩 포인트에 가까운 위치까지 넣으면 줄기가 모두 가려진다.

31.

위에서 균형이 맞는지 확인한다. 아랫부분이 비어 보인다.

32.

비어 있는 부분에 자엽꽃자두를 더해 모양을 잡아준다.

전체적으로 모양이 잡히면 라피아로 묶은 후 줄기를 짧게 가지런히 자른다.

다른 소재를 사용할 때 꽃 조합의 예

아네모네 × 라넌큘러스 / 라넌큘러스 × 스위트피 / 이브피아제 로즈 × 양귀비
이브피아제 로즈 × 백당나무 콤팍툼 / 다알리아 2색 / 호접란 × 산데르소니아 등.

전체적으로 확인하고 완성하기

34.

부케의 손잡이 부분은 길게 자른 자엽꽃자두로 감싸준다.

35.

자엽꽃자두는 줄기 끝을 아래로 향하게 하여 손잡이를 덮어준다. 부케를 돌려가며 더해나간다.

36.

자엽꽃자두는 길이를 불규칙하게 넣어주면 자연스러운 분위기로 완성된다.

37.

한 바퀴 넣어준 후 길이를 다르게 자른 고비의 줄기 끝을 아래로 향하게 하여 4대를 더한다.

38.

손잡이 부분에 짧게 자른 고비를 2대 더한다. 1대는 위를, 1대는 아래를 향하게 한다.

39.

소재를 모두 넣은 후 라피아로 묶는다.

40.
라피아 위에 러브체인을 둘러 라피아를 가린다. 줄기는 자연스럽게 늘어뜨린다.

완성한 부케

고상하면서도 화려함
파리 특유의
과감한 배색

chapitre 5

멋진 부케가 있는 생활

La vie en Fleur

1.
부케를 즐기기 위해 알아두어야 할 것

멋진 부케를 만들었다면 그 아름다움을 한층 더 살려주고 인테리어 소품으로도 돋보이는 화기를 준비하도록 하자. 부케의 디자인에 맞는 화기, 생활 소품을 소개한다.

a.method

각종 부케에 어울리는 화기 고르는 법

우선 사용하기 편리한 심플한 유리화기를 한 개 준비한다

아무런 장식도 조각도 없는 심플한 실린더(원통형) 혹은 사각 유리화기가 있으면 편리하다. 높이 20cm~30cm, 지름 10cm~15cm 정도면 어떤 부케라도 넣기 편할 것이다.

콩포지시옹에 사용하는 바스켓은 컨트리풍이 과하지 않도록 소재나 색상, 형태에 주의하여 고른다. 테이블 가운데에 장식할 경우에는 식기나 각종 식기구 사용에 방해되지 않도록 가로로 긴 유리나 철제 화기를 사용해도 좋다.

콩포지시옹 스페셜에 사용하는 화기는 특히 주의해야 한다. 입구가 벌어진 형태는 화기를 감싼 잎이나 가지 소재가 아래쪽으로 미끄러져 내리므로 '일자형'을 선택하는 것이 중요하다.

주황색과 암적색의 디알리아를 메인으로 한 부케를 앤티크풍 화기에 꽂는다. 섀비 시크 스타일의 화기는 꽃뿐만 아니라 인테리어와도 잘 어우러진다.
※제작 과정은 174~176쪽 참조.

일상생활을 장식하는 생활 소품도 화기로 대활약을 펼친다

'화기'로 제작된 것뿐 아니라 법랑 저그나 낡은 약병, 작은 유리컵이나 카페오레 볼 등 좋아하는 생활 소품에도 꽃을 장식할 수 있다. 유리, 놋쇠, 금속, 도자기 등 소재가 다른 용기를 두루 갖춰놓고 부케와 매치해 장식해보는 것도 즐겁다.

부케 론과 잘 어울리는 화기

처음에는 '이렇게 작은 화기라도 괜찮을까?'라는 생각이 들어도 실제로 테이블에 놓아보면 높이나 입구의 지름은 10cm 정도의 화기가 유용하다는 것을 알게 될 것이다. 첫 화병을 하나 구입한다면 작고 심플한 원통형을 추천한다.

파리의 플라워숍 '로즈버드'에서 인기 있는 독일제 화기 'GUAXS'. 일본에서는 오사카 인터콘티넨털 호텔에 있는 동일 매장에서 판매하고 있다.

부케 샹페트르의 분위기를 한층 더 돋보이게 해주는 화기

큰 부케에는 높은 화기가 필요한데 화기의 입구가 넓지 않은 것이 사용하기 편하다. 반투명 유리나 도자기 소재는 긴 줄기가 그대로 노출되지 않으므로 꽃 부분이 돋보여 부케가 더욱 아름답게 보인다.

위의 'GUAXS'의 화기는 반투명 유리 소재로, 모든 꽃을 돋보이게 해준다. 샹페트르 부케는 금속 소재의 화기와도 잘 어울린다.

부케 드 마리에에 최적의 유리화기

이 디자인에는 물속에서 하늘거리는 잎이나 열매의 아름다움을 즐길 수 있도록 높이 30cm 이상, 지름 15cm 정도의 투명한 유리화기가 가장 좋다. 실린더형도 좋으나 사각형은 화기 모서리에 부케를 걸쳐놓을 수 있어 편리하다.

처음에 한 개를 구입한다면 장식이나 조각이 없는 일자형 유리화기가 좋다.

콩포지시옹에 추천하는 화기

파리에서 인기 있는 것이 와인용 포도 수확에 사용하는 '파니에(바구니)'다. 손잡이가 짧고, 타원형이라서 둥근 것보다 공간을 차지하지 않고 멋스러워 꽃이 지고 나면 수납용으로도 사용할 수 있다. 가로로 긴 사각형 화기 등도 모던한 분위기가 있어 자주 사용한다.

폭이 좁은 타원형 파니에는 보조
테이블이나 돌출창 등에 놓기에
안성맞춤이다.

콩포지시옹 스페셜에 적합한 화기와 부적합한 화기

소재는 플라스틱, 도자기, 금속 혹은 유리도 상관없다. 형태는 원통형이나 사각형 화기이면 되는데, 화기의 입구와 바닥면의 크기가 같아야 한다는 것이 가장 중요하다. 윗부분이 벌어진 나팔형 화기는 적합하지 않다.

플라스틱 소재의 사각형 화기에
비닐테이프로 아이리시아이비를
둘러 감은 것.

b.method

심플한 용기를 꾸며 즐기는 법

약간의 아이디어로 페트병 같은 소재도 근사하게 연출할 수 있다

저렴하게 구입할 수 있는 플라스틱 용기나 페트병의 둘레에 자작나무 수피를 둘러 마끈으로 묶어주면 간단하게 독창적인 화기를 만들 수 있다. 부케를 선물하고 싶을 때 일회용 화기를 사용하면 선물하는 쪽도 받은 쪽도 부담스럽지 않다. 화기의 주변에는 이끼와 수피의 섬유(모두 꽃시장에서 구입한 것이므로 꽃집에 주문하면 구입 가능할 수도 있다)를 더해 숲 분위기로 꾸몄다.

꽃의 얼굴이 아래쪽으로 향하는 크리스마스로즈나 파피오페딜룸은 목수국 위에 얹어주는 것이 요령이다.

Bouquet Rond
화기꽂이 만드는 법

재료

◎ 메인이 되는 재료
크리스마스로즈: 10대

줄기를 열십자로 자르고 미지근한 물에 담가 물올림을 해준다.

◎ 메인을 돋보이게 하는 재료
파피오페딜룸: 2대

심하게 구부러진 줄기를 효과적으로 활용한다.

◎ 전체가 조화를 이루게 하는 재료
목수국: 5대

어떤 부케에 써도 안심할 수 있는 소재이다.

재료 손질하기

1.

크리스마스로즈의 잎을 줄기에서 떼어내 제거한다.

2.

꽃 아래쪽 잎과 손잡이 부분의 잎을 남김없이 제거한다.

3.

불필요한 잎을 제거해 손질이 끝난 모습.

4.

목수국은 가지가 갈라진 부분에서 잘라 나눈다.

5.

잘린 부분을 짧게 자르고, 잎을 모두 제거한다.

6.

손질이 끝난 모습.

부케 만들기

1.

크리스마스로즈의 가지가 갈라진 부분에 가지가 예쁘게 뻗은 목수국을 높게 덧댄다.

2.

목수국 앞에 크리스마스로즈를 비스듬히 덧댄다.

3.

크리스마스로즈의 줄기를 세워 목수국의 꽃대를 밑에서 밀어 올린다.

4.

3의 크리스마스로즈 아래에 짧은 크리스마스로즈를 더해 준다.

5.

부케를 돌려 4의 크리스마스로즈 왼쪽에 목수국을 더한다.

6.

5의 앞에 크리스마스로즈를 더한다. 목수국 위에 꽃을 덮어주듯이 더한다.

7.

크리스마스로즈의 꽃을 목수국 위에 얹은 다음 얼굴이 위를 향할 때까지 줄기를 잡아당긴다.

8.

7의 오른쪽 아래에 목수국을 더하고, 밑에서 꽃대를 밀어 올려 꽃이 위를 향하게 한다.

부케 만들 때 주의할 점

화기와의 균형을 고려해 부케는 볼 형태로 만든다

화기와의 일체감을 연출하기 위해 화기의 테두리와 연결되도록 둥근 볼 형태의 부케를 만드는 것이 중요하다(9쪽 참조). 화기에 두르는 재료나 끈은 자연 소재를 사용하면 한층 더 샹페트르 스타일다워진다.

부케는 어느 쪽에서 보아도 둥근 형태가 되도록 만든다.

9.

8의 왼쪽에 크리스마스로즈를 더한다.

10.

9의 아래에 목수국을 더해 8과 같은 방법으로 크리스마스로즈의 꽃대를 밀어 올린다.

11.

10의 오른쪽에 목수국을 높게 더해준다.

12.

크리스마스로즈는 꽃을 안쪽으로 향하게 하여 11의 목수국 아래에 더해서 가지를 가린다.

13.

12의 왼쪽에 곁가지가 있는 목수국을 더한다.

14.

13의 목수국 아래에 크리스마스로즈를 더해 가지를 가린다.

전체적으로 확인하고 완성하기

15.

위에서 전체적인 균형이 맞는지 확인한다.

16.

아랫부분에 소재를 더해 둥글게 만들어준다. 목수국 아래에 크리스마스로즈를 더한다.

17.

16의 크리스마스로즈 왼쪽에 목수국을 더한다.

18.

위쪽에 목수국을 더해줄 때는 아래쪽 꽃송이 안으로 줄기를 넣어 밑에서 줄기를 잡아당긴다.

19.

파피오페딜룸의 얼굴이 위를 향하게 하여 더해준다. 줄기는 어디에 있어도 상관없다.

20.

19의 왼쪽 아래에 파피오페 딜룸 한 송이를 더 더해 19의 줄기를 가린다.

21.

20의 파피오페딜룸 오른쪽 아래에 목수국을 더해 파피오페딜룸의 줄기를 가린다.

fini!

완성한 부케

마지막에 더해주는 소재는 최대한 짧게 넣어 볼 형태로 완성한다

화기 장식 기법

재료

원통형 유리화기, 자작나무 수피, 마끈

유리화기는 일자형을 사용한다. 수피는 화기를 감쌀 수 있는 너비와 높이로 자른다.

완성한 화기

자작나무 수피 대신 드라세나처럼 폭이 넓은 잎을 사용해도 좋다

장식하는 방법

1.

유리화기에 자작나무 수피를 둘러준다.

2.

화기의 가운데 부분에 마끈을 둘러 한 바퀴 감아준다.

3.

맞매듭을 묶고 여분의 마끈을 자른다. 완성!

c.method

공간별, 상황별로 장식하는 부케

손님을 맞이하는 공간에는 환영하는 마음을 전하는 화려한 부케가 어울린다. 침실에는 연한 색이나 단일 색상의 부케가 안정감을 준다. 식탁에 장식하는 꽃은 음식에 영향을 미치지 않도록 향기가 강한 것은 피하는 것이 좋다. 만찬회나 파티 등 짧은 시간 사용하는 꽃장식에는 물 처리를 하지 않아도 상태를 유지할 수 있는 소재를 사용해 오브제처럼 디자인성이 높은 부케를 만들기도 한다.

d.method

부케를 선물하고 싶을 때의 멋 내기
파리 스타일의 포장법을 배워보자

꽃을 돋보이게 해주는 시크한 색을
사용하는 것이 포인트

화려한 포장으로 현혹하는 것이 아니라 최대한 꽃을 돋보이게 하는 심플한 포장이 파리 스타일이다. 꽃이 돋보이도록 검은색, 회색, 흰색 등의 무채색을 매치하거나 모스 그린, 브라운 등의 어스 컬러*를 조합해 사용한다. 크라프트지와 습자지를 사용할 경우는 어느 한쪽을 기본 색으로 하고 다른 한쪽에 자홍색, 암적색 등 화려한 색을 조합하는 것도 세련되어 보인다.

파리의 유명 플로리스트들은 넓고 무늬가 있는 새틴 리본을 사용하는 경우는 드물고, 종이 재질의 가는 리본 또는 라피아를 사용한다.

● 어스 컬러 earth color: 자연을 연상시키는 갈색 계열이나 녹색 계열의 색.

준비물

포장지
습자지 또는 왁스지를 준비한다. 부케 론 크기이면 두 장 겹쳐진 것 두 개, 총 네 장을 준비한다.

리본
촬영에는 '헝지스 꽃시장'에서 구입한 종이 재질의 폭 5㎜ 리본을 사용했다. 왁스끈도 좋다. 계절에 따라 마끈이나 털실을 사용해도 좋다.

포장 방법

1.
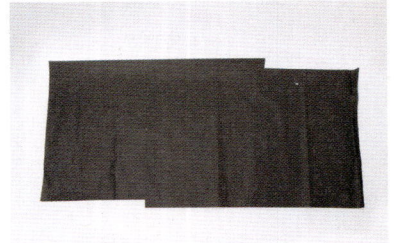
두 장씩 겹친 포장지 두 개를 반씩 포개고, 위아래는 3cm 정도 어긋나게 놓는다.

2.

가운데에 부케를 놓는다.

3.

부케의 손잡이 끝부분에서 2cm 밑까지 포장지를 안쪽으로 접는다.

4.

포장지 오른쪽 아래 끝부분을 잡고 부케를 감싼다.

5.

같은 방법으로 왼쪽도 부케를 감싸 원통형을 만든다.

6.

부케의 바인딩 포인트 높이에 맞춰 포장지를 꽉 조여준다.

7.

조인 부분에 1m 정도의 길이로 자른 리본을 걸친다.

8.

부케 뒤쪽에서 리본을 교차시켜 느슨해지지 않도록 단단히 묶는다.

9.

나비 모양의 매듭을 지어 마무리한다. 보우 부분을 작게 만들면 고급스러워 보인다.

10.

위에서 본 상태.

11.

부케에 사용한 그린 소재를 포장지의 이음매 부분에 스테이플러로 고정해 완성한다.

fini!

물 처리를 할 때는 2에 앞서 절단면을 젖은 티슈와 알루미늄 호일로 감싸준다.

파니에나 금속 캔 등에 꽃을 한 송이 장식하고 싶을 때는 작은 용기(속통)를 외부에서 보이지 않도록 넣어 물을 넣고 꽃을 꽂아서 마음에 드는 장소에 놓아두면 좋다.

d.method

인테리어와 생활 소품과 매치하는 즐거움

보기만 해도 기분이 좋거나 마음이 편안해지는 생활 소품을 가까이 두면 일상생활이 윤택해진다. 파리 사람들은 낡은 것, 오래 써서 손때가 묻은 것을 소중히 여긴다. 브로캉트Brocante(골동품)와 꽃은 굉장히 잘 어울린다. 좋아하는 생활 소품과 어울리는 꽃을 찾아보자. 한 송이라도 괜찮다. 일본에서 꽃집을 하는 친구들에게 "정말 한 송이만 사도 돼?"라고 물어보면 모두 "당연하지!"라고 대답한다.

89

직접 만든 부케를 포장해서 선물해보자. 실제로 만들어보면 그리 어렵지도 않고, 받는 사람이 생각보다 훨씬 더 좋아한다는 것을 알게 될 것이다.

2.

부케 만들기를 더 즐기고 싶다면 레슨에 참가하는 것도 실력 향상의 지름길이다

꽃이 있는 생활에 매료되어 본격적으로 배우고 싶다. 그런 생각이 든다면 레슨에 참가해보자. 소소한 의문점을 해결하거나, 꽃을 배우는 친구들과 교류하며 즐거운 시간을 보낼 수 있다.

수많은 강습실 중에서 어떤 레슨을 선택하면 좋을까?

강습실과의 거리나 수강료가 아니라 '취향'을 중시한다

이 책에서는 초보자라도 부케 만들기를 즐길 수 있도록 한 대 한 대 소재를 더해줄 때마다 사진 촬영을 하여 가능한 한 생략하지 않고 모두 실었다. 그래도 소소한 의문이 생기거나, 꽃의 세계를 더 심도 있게 배우고 싶다는 생각이 든다면 레슨에 참가해볼 것을 권한다.

수많은 강습 중에서 어떤 레슨을 선택해야 할지 고민이 될 텐데, 강습실 선택은 매우 중요하며 '향후 꽃 인생을 결정짓는다'고 해도 과언이 아니다. 처음에는 다니기 쉬운 곳, 가격이 부담 없는 곳, 자격증 취득에 눈이 갈 수도 있다. 하지만 무엇보다 중요한 것은 '이 선생님이 만드는 꽃이 좋다'는 감각을 우선시하는 일이다. 그렇지 않으면 몇 번을 다니더라도, 1회의 비용이 저렴하더라도 만족도가 낮아 결국은 귀중한 시간도 돈도 허비하게 되고 만다. 인터넷 블로그 순위 같은 것을 보면 인기 꽃집 블로그를 한눈에 볼 수 있고, 레슨 안내도 실려 있다. 파리 스타일의 강습실도 많으니 반드시 한번 확인해 보길 바란다.

한 달에 한 번이라도 마음이 요동칠 정도의 기쁨을 느낄 기회를 만들면 일상생활에 풍요로운 활력소가 될 것이다. 또한, 거기에서 만나는 사람들은 공통 취미를 가지고 있으므로 의기투합하게 될 확률이 높고, 꽃 이외에도 이벤트나 정보 교환을 할 수 있어 즐거운 교류가 많아지게 된다. 성인이 되고 나서 직업이나 나이, 다른 지역에 사는 친구가 생기는 것도 기쁜 일이다.

우선 꽃이나 선생님, 레슨 분위기를 알 수 있는 '체험 레슨'에 참가해보는 것도 좋다.

Le cours au Japon

일본에 일시 귀국해 일 년에 한두 번 레슨을 개최하고 있다.

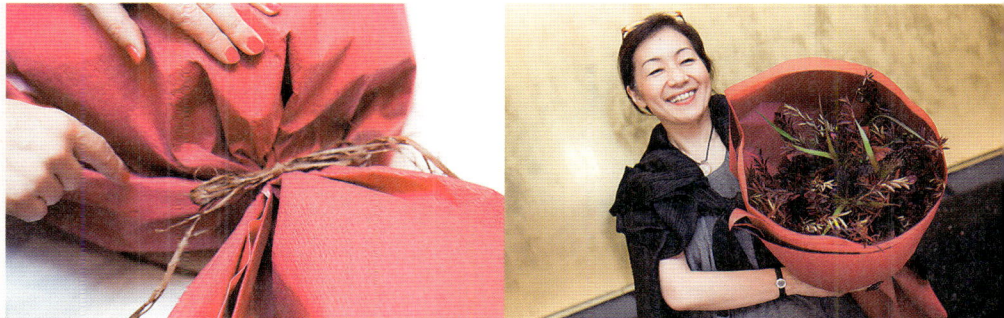

La demonstration au Japon

일본 각지에서 데먼스트레이션 초청을 받는 일도 많아졌다.

Le cours de Vincent LAISSARD

파리의 유명 플로리스트가 진행하는 레슨의 기획과 설명도 담당하고 있다.

파리 스타일을 직접 전하는 기회
일시 귀국 레슨이나 데먼스트레이션은 매회 만원사례

예전에는 파리 여행을 간 김에 레슨에 참가하는 사람들이 대부분이었지만, 요즘은 꽃 견수를 하기 위해 파리에 가는 사람들도 많아졌다. 플로리스트나 레슨 전문가는 물론이고 장래 꽃과 관련된 일을 하고 싶어 하는 여성들도 있다. 그런데 가족이나 일 때문에 파리에 가지 못하는 사람들도 많아 일 년에 한두 번 개최하고 있는 일시 귀국 레슨은 일본 각지 어느 지역을 가도 항상 만석이어서 파리 스타일에 대한 높은 관심을 실감한다.

내가 파리에서 감명을 받았던 꽃을 일본에도 전하고 싶다. 그런 생각으로 10여 년 전부터 수지타산을 따지지 않고 파리 유명 플로리스트의 레슨이나 데먼스트레이션을 기획하고 개최해왔다. 파리의 정신을 그대로 받아들이기 위해 모두 무척 열심이다. 회장에는 같은 취미를 가진 사람들이 모이기 때문에 금세 친해져, 서로 자극을 줄 수 있는 좋은 동료가 많이 생기는 것도 매력 중 하나이다. 이 책을 통해 파리의 부케에 흥미를 느끼게 되었다면 언젠가는 꼭 레슨이나 이벤트에 참가해보길 바란다.

Ma nouvelle vie à Paris

끝없는 부케의 세계로
아름다움을 추구한 끝에
보이기 시작한 것은 무엇일까

일본에 비해 결코 안전하다고도 쾌적하다고도 할 수 없는 파리의 생활.
오래 생활했어도 토론을 즐기는 프랑스 사람 앞에서는 아직 언어적으로 불리한 점이 많다.
분한 일도 있고, 체념할 수밖에 없는 일도 많다.
그럼에도 이 거리에 있고 싶은 이유는 아름다운 것을 존중하고,
인생을 찬미하는 프랑스 사람들의 정신에 매료되었기 때문임이 분명하다.

내가 걸어온 길은······
나가노 현에서 파리로 떠난 일 년 동안의 꽃 유학

고향인 나가노 현에 있는 플라워 스쿨에서 자격증을 취득하고 주민회관의 요청으로 어레인지먼트 수업을 진행하고 있었다. 꽃 관련 잡지에서 보고 늘 멋있다고 생각하며 가슴 설렜던 것이 파리의 플라워 아티스트 크리스티앙 토르튀의 꽃이었다. 언젠가 이 사람의 꽃을 보고 싶다, 배우고 싶다는 꿈을 품고 있던 중 사생활에 큰 변화가 생겼다.

당시 11살이던 딸을 데리고 파리로 떠날 결심을 해서, 일 년 동안 자금 마련과 정보를 수집했다. 사정상 딸은 남편과 조부모 곁에 남기로 했지만, 나는 학생 비자를 취득해 플라워 스쿨에 다니면서 그동안 동경해오던 플라워숍을 끊임없이 찾아갔다. 그러던 끝에 '운명적인 만남'이 더해져 6개월 후에 마침내 연수생으로 들어갈 수 있었다. 소원을 이룬 나는 동경하는 플라워숍에서 아침부터 밤까지 열심히 물올림과 청소, 화병 세척을 했다. 그런 모습을 보고 직원들이 "같이 디스플레이해요."라며 일할 기회를 주었고, 부케 제작 방법을 가르쳐주기에 이르렀다.

현재 파리의 꽃 업계를 이끌어가고 있는 유명 플로리스트들이 일하는 모습을 옆에서 보면서 직접 지도를 받은 2년이라는 시간은 그 무엇과도 바꿀 수 없는 큰 재산이 되었다.

또한, 그곳에서 알게 된 여러 사람들 덕분에 지금의 내가 있다.

파리에서 '인생을 즐기는 것'에 대해 배웠다. 아름다운 건물과 인테리어에 둘러싸여 녹음 속에서 기분 좋은 시간을 보내는 것이 곧 풍요로운 인생이라는 사실을 깨달았다. 카페 테라스에서 햇살을 받으며 와인이나 샴페인과 함께 식사를 즐긴다.

공모전에서 우승한 것을 계기로
'리츠 호텔'의 전속 플로리스트가 되다

일 년 동안의 꽃 유학은 눈 깜짝할 사이에 끝나고, 귀국하기 전에 숍 대표에게 인사를 하러 갔다가 '그대로 남아서 직원으로 일해보지 않겠느냐'는 제안을 받았다. 가족들에게 상의했더니 그런 기회는 좀처럼 없을 거라며 찬성해주었다.
하지만 취업 비자를 취득하기가 좀처럼 어려웠다. 불안해하고 있는 그때 한 플라워숍 대표에게서 연락이 왔다. 이 젊은 대표는 토르튀의 직원에게 내가 연수할 때 어떻게 했는지에 대해 듣고, 유명 플라워숍에서 일한 경력도 높이 평가해 취업 비자를 취득할 수 있도록 힘써주었다. 이후 직원들과 힘을 모아 '리츠 호텔'의 전속 플로리스트를 선정하는 공모전에서 우승을 하게 되었다.

그렇게 유서 깊은 일류 호텔의 꽃장식을 담당하는 귀중한 기회를 얻게 된 것이다. 대표는 내가 일본인 관광객의 의뢰를 받아 레슨을 하는 것도 이해해주었다. 주 2일 휴무 중에 하루는 꽃시장 투어나 플라워숍 순례, 또 하루는 부케 레슨을 했다. 특별히 광고를 하지 않았지만 점차 입소문을 타며 재수강을 하는 사람들도 많아지면서 시간을 내지 못해 레슨을 거절하는 상황도 빈번해졌다.

리츠 호텔에서의 일은 자극과 기쁨으로 가득했으나, 내가 진정으로 하고 싶은 것을 스스로에게 물어본 결과 여러 해 몸담아온 '리츠 호텔'을 퇴직하고 레슨에 전념하기로 했다.

왼쪽 위는 노트르담 대성당.
왼쪽 가운데, 오른쪽 아래는
'포 시즌 호텔 조르주 생크'.

파리 근교에 있는 대규모의 '헝지스 꽃시장'. 일본에 비해 잎 소재가 많이 유통된다. 파리의 플로리스트들은 모두 이 시장으로 재료를 사러 온다.

꽃 일을 하는 동료들과 협력해가며 레슨과 다양한 활동에 전념하고 있다

일 관계로 부재중이던 친구의 아파트와 지인의 아틀리에를 빌리고, 수업도 차츰 많아져 가고 있을 즈음. 토르튀의 옛 동료 두 명이 신기하게도 토르튀가 있던 파리 6구의 오데옹Odeon에 플라워숍 '로즈버드'를 개업했다. 나는 가게 일을 도우며 숍에서 레슨을 할 수 있게 드었고, 내 레슨 외에도 '파리까지 왔으니 프랑스 출신 플로리스트의 레슨을 받고 싶다'는 사람들을 위해 대표인 빈센트 라사르Vincent LAISSARD와 시릴 코르송Cyril Corson의 부케 레슨도 주관하게 되었다.

그리고 나처럼 일본에서 꽃을 배우기 위해 파리로 오는 연수생 모집도 담당했다. 이후 우수한 한 여성을 단나 헝지스 꽃시장 투어와 플라워숍 순례를 맡겼고, 나는 레슨과 집필에 전념할 수 있게 되었다.

일본에 있을 당시부터 글을 쓰는 것을 좋아해 지방 신문사에서 프리랜서 작가로 원고를 쓰기도 하고, 잡지사의 특파기자로 활동하면서 플라워 스쿨의 학비를 벌었다. 2006년에는 '생활하듯이 파리를 즐기는 가이드 에세이'가 콘셉트인 첫 저서를 내고, 2013년에는 '로즈버드'의 빈센트 라사르의 부케 사진을 책으로 엮은 서적도 출판했다.

왼쪽: 휴일 아침 식사
가운데, 오른쪽: 레슨 시간에 만든 부케.
레슨 후 카페에서 촬영을 한다.

늘 마음에 새기고 있는 것과
앞으로의 바람

나는 집요하다고 하는 뱀띠라서 그런지, 근성으로 똘똘 뭉친 1960~1970년대의 스포츠물을 보고 자라서인지 하고자 하는 것은 비록 시간이 걸릴지라도 이룰 때까지 포기하지 않는다. 끈질긴 근성의 소유자이다. 그리고 과하리만큼 긍정적인 사고의 소유자이기도 하다. 파리에 온 계기가 된 힘들었던 사건을 통해 '모든 일은 이유가 있어서 일어나는 것이며, 때가 되면 길이 열린다'는 것을 배웠다.

그래서 뜻대로 되지 않는 일이 있더라도 '지금은 아직 최상의 시기가 아니다. 아직 계속 노력해야 해'라고 생각하려 한다. 그리고 '내가 진정으로 하고 싶은 것은 무엇인가? 그것을 실현하기 위해서는 어떻게 하면 될까?'라며 끊임없이 자문한다.

진정으로 좋아하는 것은 일이라는 생각이 들지 않고, 언제까지나 즐겁게 할 수 있다. 지금 그런 환경에 있다는 것에 감사할 따름이다. 설령 아무리 내가 열심히 한다 해도 레슨에 참가해주는 사람들이 없다면, 집필을 의뢰해주는 사람이 없다면, 그리고 책을 읽어주는 사람이 없다면 하고 싶은 일을 할 수 없을 테니 말이다.

인생, 욕심을 부리자면 끝이 없고 다른 사람과 비교하면 괴로워진다. 건강하게, 좋아하는 곳에서 좋아하는 일을, 좋아하는 사람들과 함께 웃는 얼굴로 계속할 수 있다면 행복한 일이다.

이 책에는 내가 14년 동안 파리에서 배운 핵심 내용이 모두 공개되어 있다. 누군가에게 도움이 된다면 더할 나위 없는 기쁨이고 영광일 것이다.

사이토 유미
Yumi SAITO

———

파리에 거주하는 플라워 디자이너 겸 포토 에세이스트.
일본에서 플라워 어레인지먼트 교실을 운영하였으며, 2000년에 파리로 꽃 유학을 떠났다. 파리에서 플라워 스쿨에 다니면서 줄곧 동경해오던 플라워 아티스트의 제자가 되기 위해 끊임없이 찾아간 끝에 6개월 후 마침내 연수생이 되었다. 최고급 호텔, 3성급 레스토랑, 파리 컬렉션의 꽃장식 외에도 유명 인사들의 부케를 제작했다. 이후 '리츠 호텔' 전속 플로리스트 공모전에서 우승을 차지한 플로리스트 팀의 일원으로서 호텔 전관의 꽃장식을 담당했다. 현재는 압도적인 재수강률을 자랑하는 부케 레슨, 꽃 시장과 플라워숍 안내, 꽃 연수 투어 기획, 프랑스 출신 유명 플로리스트의 레슨 등을 주관하고 있다. 저서로는 《샹페트르의 모든 것~파리 유명 플로리스트의 꽃》, 《두 번째 파리》, 《유럽의 플로리스트》가 있다. 업계 전문지 〈월간 플로리스트〉에 에세이를 연재 중이다.

mail: yumisaitoparis@gmail.com
blog: https://ameblo.jp/yumisaitoparis/
instagram: yumisaitoparis

Remerciements

Masumi et Ryoko NATSUME
Vincent LAISSARD
Bernard CHARDEL
Christophe GODEFROY
Yoshimi et Jun SHIBATA
Sachie KANAYAMA
Airi SAITO

북 디자인/본문 디자인: 시라하타 7-오리 Shirahata Kaori
촬영: 사이토 유미 Saito Yumi
      히라사와 치아키 Hirasawa Chiaki(표지, 전 제작 과정 페이지,
      p.021–027, 187–189, 193, 196–201, 204, 205, 207–209, 210)
      니시다 가오리 Nishida Kaori(p.002, 208, 209, 211)
본문/교정 협조: 히라사와 치아키 Hirasawa Chiaki
촬영 협조: 아사 헤이 Asahei, 라피네 레 플뢰르 RAFFINEE-les fleurs, BROCANTE, eNe
편집: 시노타니 하루미 Shnotani Harumi

BOUQUETS CHAMPÊTRES À LA MAISON by Yumi Saito
Copyright © Yumi Saito, 2014
All rights reserved.
Original Japanese edition published by Graphic-sha Publishing Co., Ltd.

Korean translation copyright © 2018 by Hans Media Inc.
This Korean edition published by arrangment with Graphic-sha Publishing Co., Ltd.
Tokyo, through HonnoKizuna, Inc., Tokyo, and Botong Agency

이 책의 한국어판 저작권은 Botong Agency를 통한 저작권자와의 독점 계약으로 한스미디어가 소유합니다.
저작권법에 의하여 한국 내에서 보호를 받는 저작물이므로 무단전재와 무단복제를 금합니다.

부케 샹페트르 아 라 메종

1판 1쇄 인쇄 | 2018년 4월 23일
1판 1쇄 발행 | 2018년 4월 30일

지은이 사이토 유미
옮긴이 방현희
펴낸이 김기옥

실용본부장 박재성
편집 이나리, 손혜인, 박인애
영업 김선주
커뮤니케이션 플래너 서지운
지원 고광현, 김형식, 임민진

디자인 제이알컴
인쇄 · 제본 민언프린텍

펴낸곳 한스미디어(한즈미디어(주))
주소 121-839 서울시 마포구 양화로 11길 13(서교동, 강원빌딩 5층)
전화 02-707-0337 | 팩스 02-707-0198 | 홈페이지 www.hansmedia.com
출판신고번호 제 313-2003-227호 | 신고일자 2003년 6월 25일

ISBN 979-11-6007-257-0 13630

책값은 뒤표지에 있습니다.
잘못 만들어진 책은 구입하신 서점에서 교환해드립니다.